서른엔
행복해지기로 했다

서른엔 행복해지기로 했다

김신회 지음

미호

PROLOGUE

프롤로그   12

/ 나 중심적으로 살기 /

독립을 지르다 20
천하에 쓸데없는 짓, 연애 상담 26
또 택시냐? 30
참을 수 없는 집안일의 버거움 34
모두 대화하고 계십니까? 41
지금 하고 싶은 것 = 지금 해야만 하는 것 45
넌 좋아하는 일을 하잖아 50
사과가 늘었어 54
일중독엔 약도 없다 57
행복을 위한 쇼핑 61
콤플렉스라는 이름의 개성 67

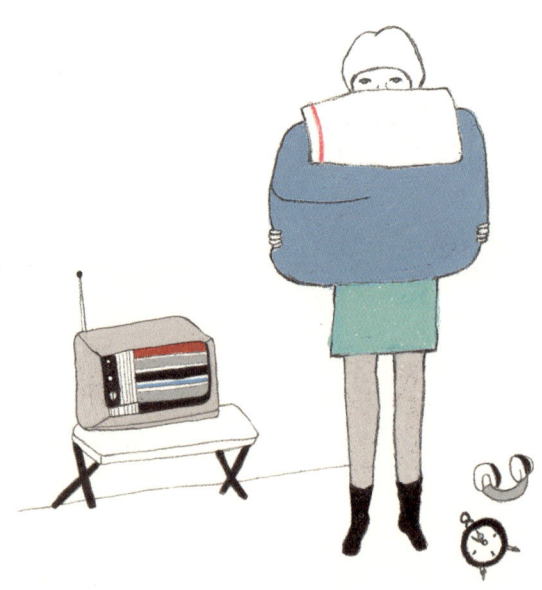

진짜 미인이 되고 싶어

미용실에 지분 있는 여자들 74
늦게 자고 늦게 일어나지요 78
휴가의 시작은 병원으로부터 84
명품 백과 속옷 88
화장은 예의다 93
다이어트의 진실 혹은 거짓 97
입을 옷이 없어! 103
근성 있는 여자 109
굿바이 정크푸드 113
장례식에 대처하는 우리의 자세 119

/ 되면 한다, 에서 하면 될 거야, 로 /

나도 모르는 내 버릇　126
TV, 안 보고도 살아져요　132
일단 버려!　137
투덜거리기보다 제대로 말하기　142
안타까운 여자사람들　146
분노의 마트질　151
진정한 효도는 부모님과 떨어지는 것　156
연애를 몇 년 쉬었습니까?　160
월급의 3퍼센트를 모르는 사람에게 쓰자　165
제2의 지인 꾸리기　171
스마트폰 말고 스마트홈　175

/ 모든 건 마음의 문제 /

불행의 3단계 '생각→고민→걱정' 186
1.5개의 매력을 가진 남자 190
우울 권하는 시대 194
쉬운 여자 198
빈말과 식상함의 소중함 204
혼자가 되는 시간 208
고양이와 결혼의 상관관계 213
일도 사람이 하는 거더라 217
상처상대성 이론 222
진정한 용서는 잊어주는 것 228
마음, 안티에이징하다 232

에필로그 238

PROLOGUE

"그래서, 어떻게 살아?"
"억지로 살지 뭐."
"하하하하."

　잠자기 아까운 일요일 밤. 친구 M에게 전화를 걸었다. 딱히 좋을 것도 없고 나쁠 것도 없는 안부를 나누다, 자학하다, 서로를 한심해 하며 킬킬거리다 그래도 잘 살아보자는 덕담으로 통화는 끝났다. 서로에게 건넨 뜬구름 잡는 응원은 나에게 들려주고 싶은 말. 그래, 잘 살자, 잘 살아야지. 그런데 어떻게?
　며칠 전에는, 조금 늦은 새해계획을 세워보겠다며 수첩에 몇 글자를 끄적이다 보니 어느새 반성문이 완성되었다. 지난해를 되짚어봐도 잘한 일보다 잘 못한 일이 더 많고, 새해를 계획해봐도 끊어야 할 것, 줄여야 할 것이 더 길게 줄을 선다. 그러고 보면 해가 바뀔 때마다 늘 이랬다. 언제나 달라지기를 계획했고, 더 좋은 사람이 되고 싶었지만 딱히 나아지지는 않았다. 심지어 내년 또 내후년에도 비슷한 생각을 하고 있을 게 틀림없다. 왜냐하면,

나는 도넛으로 태어났다. 그 가운데가 채워지면 나는 내가 아닌 다른 사람이 되는 것이다. 김연수 〈청춘의 문장들〉

나 역시 도넛이니까. 채워지면 다른 것이 되는 존재. 죽을 때까지 완벽하게 채워지지 않아야 비로소 완전해지는 사람이니까. 우리가 흔히 하고 마는 실수 중 하나는, 바르게 이은 선이 삶이라 생각하는 것, 자를 대고 똑바로 그은 줄처럼 흔들림과 굴곡이 없어야 맞는 인생이라 착각한다는 것 아닐까.

삶이라는 거, 원래부터 똑바르게 그어진 선이 아닐지 모른다. 때로는 삐뚤빼뚤하고 어떨 땐 밑으로 확 떨어졌다가도 언젠가는 위로도 치솟고, 그러다 다시 평행으로 이어지기도 하는 것. 그런 만큼 헤매고 실수하고 넘어지는 것 역시 당연한 거라는 얘기.

세월이 지날수록 내가 쥔 시간과 기회와 관계는 모래알로 변한다. 아무리 꽉 잡아봐도 손가락 사이로 줄줄 새어 나간다. 그렇다고, 어쩌면 좋냐며 안타까워만 하고 있을 순 없다. 얼른

한 손 아래 다른 손이라도 받치거나, 작은 접시라도 가져다 손 밑에 놔두거나, 그도 아니면 자꾸 내 것이 사라지는 그 상황에 익숙해져야 한다. 단, 도전, 타협, 체념 중 어떤 걸 선택하더라도 내 위주로. 내가 나라는 사실을 잊지 않는 범위 내에서 순발력을 발휘할 필요가 있다.

반성문을 쓰려던 계획을 수정했다. 더 좋은 사람이 되겠다는 다짐보다 더 행복해지는 게 급하다는 생각이 들어서 해야 할 것 대신 하고 싶은 것들을 적었다. 줄이고 싶은 것 대신 포기할 수 없는 것들을 추렸다. 비록 현실은 하고 싶은 것보다 해야 할 일이 더 많고, 그 일조차 제대로 해내지 못하지만 그러면 좀 어떻다고. 스스로 행복해지기 위해서 필요한 건 나를 바꾸는 일보다 내가 나임을 받아들이는 것, 이런 게 나라고 우기며 사는 것 아니겠는가.

어느새 올해의 계획이 세워졌다. 무엇보다 도넛인 나를 창피해 하지 않는 것. 무언가를 채우겠다며 아등바등하지 않는 것. 어찌됐든 이게 나라는 사실을 받아들이는 것. 어차피 세월

에 내 시간을 빼앗기는 게 삶이라면 그 시간을 조금 덜 억울하게 빼앗기는 게 행복이라 믿는다. 나는 행복해지기로 했다. 그러니까 이 책은 그 다짐을 위한 계획표 혹은 변명 일기다.

2012년 겨울과 봄 사이
김신회

나 중심적으로 살기

되는 일은 하나도 없고
관계는 계속 꼬이고
나는 점점 더 바보 같아지는데
이런 나 걱정해주는 사람은 하나도 없다는
생각이 들 때
이 한마디를 떠올린다.

나는 잘 살고 있다.
그럴 땐 그냥 그럴 만한 이유가 있는 거지
내가 잘못해서는 아니다.

네 잘못이 아니야(It's not your fault). - 영화 〈굿 윌 헌팅〉

독립을 지르다

"거부하지 마. 나쁜 일이 생겨봤자 얼마나 나쁘겠어?"
- 미국 드라마 〈글리glee〉

"건강 챙겨라. 자주자주 오고."

삼십 년 넘게 키워준 부모님을 떠나는 날, 엄마 아빠는 현관 앞에 서서 그렇게 말씀하셨다. 눈물을 글썽이며 그동안 키워줘서 고맙다는 인사를 건네고 꼭 안아드리며 잘 지내시라고 애교를 부려보았, 는 건 당연히 거짓말이고 그날 밤 다시 돌아올 사람처럼 신발을 챙겨 신고 문을 닫았다. 서른네 살 여름, 나는 그렇게 집을 나왔다.

나이가 나이인 만큼 결혼해서 집을 떠나는 게 모두가 반기는 독립이겠지만 그 일은 앞으로 이삼 년간은 요원해 보였기에 혼자 나가서 사는 길을 택했다. 조용히 글 쓸 공간이 필요하다, 더 이상 부모님 댁에 얹혀사는 건 눈치 보인다며 독립에의 의지를 다져 왔지만 현실은 팍팍하기 짝이 없었다. 그동안 번 돈을 야금야금 까먹는 속도와 서울의 전셋값이 오르는 속도는 얼추 비슷했다. 나가고는 싶은데 나가 살 보증금이 없는, 아니 여차저차 보증금은 마련한다 쳐도 매달 월세는 감당 못하겠는 주머니 사정은 어느새 나를 '아침저녁으로 엄마가 차려주는 밥 먹는 여자'로 만들었다.

언젠가는 꼭 혼자 살아보겠다고 되뇌면서도 그 언젠가가 좀처럼 올 기미는 보이지 않고, 그렇다고 결혼해서 같이 살 남자도 도무지 발견되지 않는다면 독립을 '지르는' 수밖에 없었다. 뭔가를 지른다는 행위 안에 '심사숙고'라는 말은 존재하지 않는 법. 결심한 그날 부동산에 전화를 하고, 바로 다음 날부터 집을 보러 다녔다. 뭘 잘 알지도 못하는 것 같으면서도 이것저것 까다롭기만 한 나를 부동산 아주머니는 내내 골치 아파하다가도, 바로 그날 계약서에 사인하는 모습엔 시원시원해서 좋다는 칭찬을 했다. 삼 주 뒤 나는 드디어 혼자 사는 여자가 될 예정이었다!

하지만 문제는 부모님. 두 분은 혼자 살겠다고 십 년째 입버릇처럼 말해 온 딸내미가 집을 계약하고 이삿날까지 받아 왔다는 사실을 믿지 못하는 눈치였다. 엄마는 '그래. 네가 나가서 얼마나 잘 사나 보자' 모드로 일관하셨고, 아빠는 "니 없이 우째 사노?"라며 뒤늦게 사람을 찡하게 만들었다. 그렇지만 부모님은 어렸을 때부터 뭐든 시시콜콜 따져 묻지 않는 분들. 나 역시 이것저것 자세히 말하지 않고 커 온, 작은딸. 어떻게 하든 내가 집을 나간다는 사실엔 변함이 없으니 부모님도, 나도 달라질 환경에 서둘러 적응해 나

가야 했다.

이사를 준비하고 실행하는 과정은 어쩜 그리도 프로그램 촬영 준비랑 닮아 있던지. 며칠 밤을 새워서 짐을 쌀 때부터 새집에 그걸 다 옮겨놓는 순간까지 생각지도 못하던 문제들이 속속 터졌다. 내내 화창하던 날씨는 이사 당일 폭우로 바뀌었고, 벽지 시공사는 시공 날짜를 착각하고서도 계약서를 안 썼으니 별수 있냐며 속을 뒤집어놓고, 이사업체 사장님은 짐의 양이 약속한 것과 다르다며 박스를 하나 옮길 때마다 불평불만을 늘어놓았다. 여기에선 소리를 지르고, 저기에선 아양을 부리고 땀을 수십 리터 흘리고 나서야 이사는 마무리됐다. 쭈뼛거리며 생애 첫 전입신고까지 마치고 나니 그때서야 긴장이 풀린 팔과 다리가 후들거리기 시작했다.

하지만 매끈한 가구가 하나둘 자리를 잡고 식기가 조금씩 늘어가는 사이 서서히 엄습하는 이 불안감은 뭘까. 어울리지도 않게 밤마다 두드려보게 되던 전자계산기 화면엔 왜 이렇게 터무니없는 숫자만 찍혀 있는 걸까. 한 달에 한 번씩 월세가 나간다는 것, 월세뿐 아니라 관리비 및 가스요금도 같이 내야 한다는 것, 아무것도 하지 않고 집에 누워 있어도 돈은 필요하며, 그것이 모두 내 주머니에서 나와야 한다는 것은 독립생활을 시작한 지 한 달도 지나지 않아 직면한 현실이었다. 결국 '혼자 산다는 것=돈'이었다. 대체 내가 무슨 짓을 저지른 거지?

이후 내 생활은 눈에 띄게 달라졌다. 수돗물은 바짝 잠그고 불필요한 전기는 끄고 콘센트도 빼 두기, 냉장고에 캔맥주는 쟁여 두지 않으며 밥은 특별한 일이 없는 한 집에서 해 먹고, 택시 타고 새벽에 귀가하는 것도 금지. 부모님과 함께 살 때는 그저 잔소리로 넘겼을 모든 생활수칙을 스스로 실천하게 되는 모범적 라이프라니. 그동안 내가 얼마나 풍요롭게 누려 왔는지, 마치 물 쓰듯 소비해 온 것들이 모두 내 능력과는 상관없는 일이라는 걸 뒤늦게 깨닫고 나서는 새삼스럽게, 부모님 은혜라는 말을 절감했다.

하루 세 번 먹을 밥을 걱정하고, 쓰레기를 비우고 빨래를 하고 청소를 하고…. 혼자만의 시간을 즐기기 위한 독립이었음에도 어쩐지 하루는 더 짧고 하는 것도 없이 지나가버리는 느낌이다. 혼자 산다는 것은 예쁜 집에서 커피를 내려 마시고 창문 너머 부는 바람에 꽃무늬 스커트를 팔랑이는 우아한 생활이 아니라 껌뻑이는 전구를 갈고, 막힌 변기를 뚫고, 싱크대에 가득 쌓인 그릇을 스스로 감당해야 하는 일이었다. 매달 무사히 월세를 입금하고 나면 안도감에 소주를 마시게 된다는 지인의 얘기가 더는 남의 일같이 느껴지지 않는, '먹고사는 일'에 대한 지긋지긋함에 대해서도 온몸으로 체득하게 되는 일이었다.

이제는, 내가 예전에 그랬듯 '혼자 살고 싶다!'를 부르짖는 친구나 후배에게 심연 같은 눈동자로 충고한다. 혼자 사는 건 지금의 생활에서 내 몸 하나 뚝 떨어져 나오는 일이 아니라고. 책임감만큼의 경제력이 자리 잡기 전까지는 재고해볼 필요가 있다고. 하지만 그래도 하고 싶으면 몇 년에 걸쳐 망설이기보다는 하루라도 빨리 경험해보라고 권한다. 이상과는 달라도 한참 다른 삶을 살면서 없

혼자 산다는 것은
환상이 아닌 현실.
그래도 꼭 한 번 해볼 만한 도전.

었던 현실감각과 경제관념을 체득할 수 있는 좋은 기회가 될 것이기 때문이다.

　독립생활 팔 개월 차. 그래도 나는 독립을 지르길 잘했다고 생각한다. 철없던 나를 생활인으로 만들어준 그 결심과 실행에, 특히나 막내딸의 저돌적인 선택을 말리지 않았던 부모님에게 감사한다. 덕분에 나는 매일 조금씩 철들고 있다. 정말이다.

천하에 쓸데없는 짓
연애 상담

연애의 시작은 자기를 이해시키는 과정
이별은 상대를 설득시키는 과정. —강도하(만화가)

"요즘 만나는 남자가 있는데…."
  얼마간 연락이 뜸했던 친구를 오랜만에 만났다. 절찬 상영 중인 영화의 스포일러라도 하는 듯 신중히 이야기보따리를 풀어내던 그녀였지만 끝까지 듣지 않고도 어떤 내용인지 알 것 같았다. 크게 걸리는 게 있는 남자는 아니지만 계속 만나자니 성에 안 차고, 그렇다고 아예 관두자니 아쉽고, 나를 좋아하는 거 같긴 한데 용기가 없는 건지 원래 성격이 미지근한 건지 매번 자극 없는 만남은 따분하기만 하고…. 그동안 이백이십삼 번 정도 들은 적 있는 얘기에 내 리액션 역시 천편일률적이 되어 갔다.
"아휴. 잘 좀 해봐, 좀!"
  며칠 전에는 친구 A가 전화를 걸어 모임에서 알게 된 남자와 앞으로 어떻게 가까워져야 할지 모르겠다는 고민을 털어놓았다. 득달같이 연락해서 만나자고 '들이대자니' 없어 보이고, 그렇다고 가만히 있자니 그냥 잊혀질까 봐 겁난다고 했다. 어떤 식으로 자연스럽게 친해질 수 있을지를 상담하던 A의 이야기에 '내가 어떻게 아냐?'는 말이 여러 번 목청을 간질였지만 그저 "그러게. 어쩜 좋을까?"만 반복했다. 그렇게 왼쪽 귀와 어깨 사이에 휴대폰을 끼고 통화하는 사이, 손톱도 깎고 눈썹도 다듬고 책상 정리까지 마칠 수 있었다.

세상에 존재하는 쓸데없는 일 중에서도 가장 그 쓸데없음을 자랑하는 것은 연애 상담이다. 남의 사랑 이야기에 훈수를 두고 조언을 남발하며 결론까지 촉구하거나 굳이 속내를 펼쳐 보이며 주구장창 방언을 이어가다 '그렇다면 당신의 의견은?'을 묻는 건 그 누구에게도 도움이 되지 않는 에너지 소비일 뿐이다. 매번 당사자의 마음이 움직이는 대로 이리저리 바뀌고 말의 힘 빠지는 과정을 왜 우리는 반복하고 있는 걸까.

만약 열 시간 정도 연애 상담에 응하는 대신 나에게 새로운 소개팅 한 건이 들어오거나 아끼는 지인이 보다 양질의 연애를 할 수 있는 등 합리적인 보상이 주어지면 또 몰라. 연애에 있어 매번 제 앞가림도 못하는 내가 들려주는 조언이 도움이 될 리 없고, 이제껏 비슷하게 지지부진한 연애를 이어 온 친구가 영양가 없는 넋두리를 통해 새로운 분기점을 마련할 리 없는데도 한 달에 한두 번쯤 꼭 연애에 대한 고민을 듣는다.

매번 시작할 때마다 '근데 이거 어떻게 하는 거였더라?'를 생각하게 되는 연애임에도 불구하고 과거의 경험이나 어찌어찌 습득한 지식은 각자에게 '연애란 이런 것'이라는 매뉴얼을 만들어주었다. 하지만 그 각기 다른 사람이 하나도 아닌 둘이 만나 이루어지는 연애에 매뉴얼이라는 게 있기나 할까. 그래서인지 그동안 수백 명의 이성들과 교제해 왔고, 맘에 드는 사람은 무조건 내 것으로 만들고 만다는 자칭&타칭 연애 전문가들이 들려주는 '연애의 기술'을 접할 때면 늘 가슴 한구석에서 비웃음이 새어 나온다. 그래 너 좋겠다. 그런데 그런 거 자랑하고 그러지 마. 연애라는 정의 불가능한 감정에 기술이라는 즉물적인 단어가 붙는다는 것 자체를 석연치 않아 하는 걸 보면 나는 예나 지금이나 참 구닥다리다.

연애 상담에 의존하는 사람일수록 에라 모르겠다며 지르거나, 지금까지와는 다른 행동으로 그 관계의 끝장을 보거나, 두려움을 무릅쓰고 터닝 포인트를 향해 돌진할 용기가 없는 사람일 가능성이 높다. 그들에게 필요한 건 지인들과 마주 앉아 이러쿵저러쿵 이야기를 나누는 시간이 아니라 직접 상대와 만나고 부딪히는 도전이다. 들어주는 사람 역시 마찬가지. 남의 연애사에 감 놔라, 배 놔라 할 시간에 내 연애를 살찌우고 풍성하게 만드는 일이 더 시급하다.

다년간에 걸쳐 제대로 된 연애에 성공하지 못한 사람이라면 누군가를 만나는 시간보다 혼자서 고민하거나 긴 시간 동안 상담하는 시간이 더 길었음이 틀림없다. 나 역시 머리로만 생각하고 상상하는 사이 성급하게 결론까지 나버린 관계가 있었고, 지인들과 상담하는 사이 지레 겁먹고 뒷걸음쳤던 기억도 많다. 하지만 시원하게 저질러보지도 못하고 마무리된 관계일수록 아쉬움만 길게 남는 법. 창피함을 무릅쓰고, 자존심 따윈 생각할 겨를도 없이 질러버렸던 관계에 대해서는 시간이 지나 떠올려봐도 '그래도 할 만큼 했다'고 자부하게 됐다. 망설이는 대신 저지르고, 걱정하는 대신 행동하는 게 나았다.

    무언가에 몰두하고 있을 때 사람은 말수가 줄어든다. 할 말이 없어서가 아니라 오히려 어떤 말부터 꺼내야 될지 모를 정도로 많은 이야기가 쌓이고 있는 거다. 수다와 상담으로 좋은 연애가 가능하다면 나는 진작 연애의 신이 되고도 남았다. 나는 요즘도 나의 이십대를 가득 채웠던 수많은 연애 상담을 원망한다. 주변을 둘러봐도 끊임없이 연애를 쉬지 않는 사람들은 그냥 알아서 잘 연애하고 잘 이별하더라. 그러니까 좋은 연애를 하고 싶다면 일단 연애 상담부터 끊어보자. 그리고 그 고민의 시간 중 반만 떼어 행동하는 데 투자하자. 그러니까 다시는 나한테 연애 상담 같은 거 하지 마, 이 사람들아.

또 택시냐?

"모순투성이인 자기 자신을 눈감아주는 게 인생이에요."
—일본 드라마 〈수박〉

"아우씨. 그냥 택시 탈걸."

주말 오후에 지하철을 타면 집에서 나온 지 십 분도 안 돼서 외출했다는 사실 자체를 후회하게 된다. 환승을 하기 위해 걸어가는 동안 한 남자 고등학생은 내 어깨를 떨어뜨려버리겠다는 듯 세게 치고도 아무 말 없이 뛰어갔고, 출입문 앞이나 에스컬레이터에서 아줌마들은 빨리 타려며 어깨로 밀치거나, 시장에서 과일이라도 고르는 양 엉덩이를 만졌다. 어렵게 앉게 된 자리 옆에는 한 아저씨가 엄청난 쫙벌 자세로 '절대 붙지 않는 다리'를 자랑하고 있었다. 목적지에 도착하려면 아직 십오 분이나 더 남았는데 이게 뭐야. 얼른 내려서 아메리카노라도 원샷했으면 좋겠다. 벌컥벌컥!

주변 대다수의 여자들이 식비를 제외하고 매일같이 지출하는 항목이 있다면 커피값과 택시비일 거다. 뭔 커피 한 잔이 한 끼 밥값이냐 하냐며 '된장녀' 광풍을 당하게 했던 테이크아웃 커피와 출퇴근길 및 주말 새벽 유흥의 도우미인 택시로 한 달 평균 20만 원 이상을 너끈히 지출하는 사람들. 조금씩 줄이고 있다고 자부했는데도 매달 말이 되면 어김없이 카드명세서에 찍힌 숫자에 경악하고, 어느새 월급이 입금되면 그 경악 따위는 깨끗이 잊어 먹는 쿨한 도시 여성들.

집에서 조금만 걸으면 버스정류장이 있고 버스를 타면 십오 분만에 회사에 도착하지만 나 역시 대부분의 출근길을 택시로 시작한다. 회사가 아예 멀다면 일찌감치 일어나서 부지런을 떨었을 테지만 가까우니까 뭐, 라며 아무렇지도 않게 택시에 오르는 거다. 그리고 회사 앞에 도착하면 멍한 머리를 산뜻하게 해줄 커피 한잔을 산다. 비교적 착실히 지속해 오는 이 버릇만 고쳐도 내 주머니는 조금 더 넉넉해지리라는 걸 알면서도 그 횟수를 줄이는 일이 왜 그리 어려운지 모르겠다.

이렇게 안 해도 될 지출을 계속하기 위해서는 두 가지 방법밖에 없다는 걸 안다. 돈을 많이 벌든지, 다른 지출을 줄이든지. 돈을 많이 버는 일은 일단 패스. 나도 진정으로 그러고 싶지만 맘대로 되지 않는 일이니 패스. 숙제하는 마음으로 한 달간 꾸준히 가계부를 적어보니 숭숭 뚫린 구멍이 보인다. 뭔 옷을 이렇게 샀고, 읽지도 못할 책은 이렇게 사들인 건지. 그래, 택시와 커피를 포기할 수 없다면 딴 데서 아끼는 거다. 술을 줄이고, 옷을 덜 사고, 영화와 책을 좀 덜 보는 거다.

그 시작은 먼저 택배 줄이기부터. 당장 갖고 싶지만 며칠 걸려 도착한다면 포기했을 상품들을 얼른 장바구니에 집어넣게 만들고, 남자친구보다 택배 아저씨를 더 반기게 하는 당일배송의 함정에서 빠져나오기로 했다. 당장 읽고 싶은 책이 아니면 서점에서 훑어보고 주문하고, 없어도 살겠다 싶은 물품은 위시리스트에 넣어 두지도 않았으며 꼭 보고 싶은 영화가 아니면 참고, 지인들에게 이유 없이 선물을 사주던 버릇도 당분간 자제하기로 했다. 택시를 타고, 커피를 마시기 위해 별걸 다 줄여야 했다.

원활한 가정경제를 위해서라면 지출에 우선순위를 정해 두어야 한다. 단, 그 우선순위는 철저히 주관적인 것이 틀림없으니 하나를 취하려면 하나를 희생하는 노력이 따라야 한다. 유난히 달콤한 아침잠을 십 분이라도 더 즐기기 위해, 푸석한 얼굴에 뭐라도 바르고 나가기 위해 택시를 타야 했다면 또 다른 즐거움 하나는 포기하기, 아침의 노곤함을 떨치기 위해 커피 한잔이 절실하다면 덜 절실한 하나를 버리기. 지인 중 하나는 월급을 받으면 이 돈으로는 맘 놓고 택시 타고 커피 마시겠다며 미리부터 일정액을 떼어 두는 사람도 있었는데 참으로 쿨하고 현명한 선택이라 감탄했다.

나도 안다. 가장 좋은 해결책은 택시와 커피를 끊는 일이라는 것쯤은. 하지만 이 재미없는 일상 속에서 그 정도 누리는 게 무슨 사치인가. 내가 그리 대단한 걸 바라며 사는 것도 아닌데 그 정도의 위안은 괜찮지 않나. 매번 변명은 반성을 이기는 법이다.

택시와 커피를 끊겠다는 결심은 매년 새해 다짐으로만 반복하게 될 무모하고 실현 불가능한 계획일지도 모른다. 그러니까 현실적으로 타협하자. 나는 매번 왜 이럴까? 하며 텅 빈 통장을 보고 한숨을 쉬는 대신 지출에 우선순위를 두어 나에게 가장 만족을 주는 항목만큼은 오롯이 누리자.

단, 그러느라 점점 가난해지고 있다면 그 빈곤까지 책임질 깜냥은 있어야겠다. 물론 나중에 후회하면 좀 어떻겠냐는 배포도 필요하겠다. 그래서 나는 내일도 어김없이 늦잠을 잘 거다. 헐레벌떡 뛰어나가 집 앞 횡단보도에 서서 열심히 손을 흔들 거다. 분명 회사 앞에 도착하자마자 어김없이 뜨거운 커피 한잔을 사겠지. 그러면서 또 하루를 견뎌낼 거다.

참을 수 없는
집안일의 버거움

할 일을 뒤로 미루는 것이 때로는 아무렇지도 않을 수 있지.
—생텍쥐페리 〈어린 왕자〉

다음 중, 하기 싫은 일을 앞두고 있을 때 당신이 보이는 행동을 골라보자.

1. 계속 모른 척하며 미룬다.
2. 해야 되는데, 해야 되는데… 하고 자꾸 생각만 한다.
3. 긴 시간을 들여 아주 조금씩 해결한다.
4. 후다닥 해치워버린다.

이런 행동양식을 통해 성격을 구분 짓는다면 다음과 같다.

1. 무책임해 보이지만 대담하고 자신감 있는 성격
2. 꼼꼼하고 예민한 성격의 완벽주의자
3. 합리적인 사고방식을 자부하나 실제로는 잔머리대마왕

4. 계획적으로 보여도 알고 보면 융통성 없는 겁쟁이

믿거나 말거나. 하지만 다년간의 관찰과 소통 및 자기 분석을 통해 내린 결론이므로 살포시 고개를 끄덕이는 사람도 조금 있을 거(라 믿어본)다. 참고로 나는 늘 1번이 되고 싶지만 어쩔 수 없이 4번인, 없어 보이는 성격. 속 모르는 사람들에게 '시원시원해서 좋겠다'는 얘기를 들을 때마다 몹시 움찔하는 소심인이다. 그래서 이 새벽에 묘한 의무감에 휩싸여 걸레질을 시작했다. 물걸레를 쥐고 방바닥에 납작 엎드리니 무릎에서 한밤의 정적을 깨는 경쾌한 소리가 났다. 토독.

혼자 살게 되면 혼자만의 시간을 더 풍요롭게 누릴 수 있을 거라 생각했다. 아무도 방해하지 않는 곳에서 자유롭게 지내며 차 한 잔도 여유롭고 한가하게 즐길 수 있을 거라 생각했다. 하지만 소파에 앉자마자 만나게 되는 눈엣가시들! 하얀 소파 위엔 잘만 모으면 가발 하나는 만들 수 있는 양의 머리카락, 고개를 돌리면 말라비틀어지기 직전인 빨래가 주렁주렁 매달린 건조대가 눈에 들어오고 저 멀리 책상엔 온갖 잡동사니가 폐허처럼 펼쳐져 있다. 바닥엔 수건-목욕가운-외출복-잠옷이 사뿐히 지르밟고 싶은 징검다리를 이루고 있고, 저 너머 부엌 개수대와 욕실…에 대한 설명은 생략하겠다. 언젠가부터 소파에 앉을 때면 눈을 질끈 감게 된다. 난 안 본 거야. 아니, 못 본 거야.

우아한 싱글 라이프를 유지하기 위해 정작 내 몸이 고달파지는 아이러니라니. 쾌적한 작업환경 및 주거공간을 누리려면 정기적으로 청소를 해줘야 하고 매일같이 화분에 물도 줘야 하고, 설거지와 빨래는 신속히 처리해서 물기와 습기, 먼지 없는 뽀송뽀송한 상태를 만들어 둬야 한다. 그중에서도 워스트 1위는 걸레질이다. 끝내고 나서도 비슷한 양만큼의 일이 남아 있는 일의 특성상 걸레에 물을 묻힌 순간 무언가를 닦아야 하고 또 그걸 빨고 말려야 하는 일련의 과정은 아무리 해도 적응되지 않는다.

 하지만 부정적인 사고방식은 안타까운 결론을 더욱 비극적으로 만드는 재주가 있지 않나. 그래서 집안일을 처리하는 나만의 방식을 만들어 두기로 했다. 모든 일에 기한이 있듯 집안일에도 마감을 만들어서 매일 마감해야 하는 것과 일주일에 한 번 마감하는 것으로 분류하는 것. 매일 해야 하는 일은 설거지. 대신 화분에 물 주기와 빨래, 분리수거 쓰레기 치우기와 청소는 일주일에 한 번만 하기로 했다.

 이 프로젝트의 특징은 시간만큼은 따로 정해 두지 않는 거다. 일을 하다 지겨워지거나 조금 쉬고 싶을 때 '운동 삼아' 틈틈이 집안일을 처리하는 거다. 밥 먹고 책을 읽다 졸음을 좀 떨치고 싶을 때 설거지하기, 노트북으로 영화 보면서 빨래 개기, 몇 시간 동안 영 일이 손에 잡히지 않을 때 오 분 동안 반짝 화분에 물 주기 등 다른 움직임 사이사이 집안일을 박아 두는 '가사 브레이크'쯤 되겠다. 나처럼 집안일이 꼭 해야 하는 일의 범주에 들어가지 않는 사람이거나 잠깐잠깐 맥을 끊듯 집안일을 해야 하는 게 더 번거로울 것 같다는 사람들과에게는 어울리지 않는 방식이지만 채찍이 없으면 당근 맛도 잘 볼 줄 모르는 사람, 노동력에 비해 효율성이 영 떨어지는 사람에게는 분명 도움이 될 거다.

독립을 한 지 얼마 안 된 시기엔 해도 해도 끝이 안 보이는 집안일에 허덕이며 정작 먹고사는 데 필요한 원고 마감은 제대로 못하는 불상사를 경험하곤 했다. 그러다 보니 무엇보다 집안일에서는 최소의 움직임으로 최대의 효과를 노리는 작전이 필요하다는 것을 절감했다.

예전에 우연히 본 일본의 주부대상 아침 프로그램에 출연한 '카리스마 정리의 여왕' 역시 그렇게 말했다. 체력과 시간에 구애받지 않으며 집안일을 하고 싶다면 움직임을 최소한으로 줄여야 한다고. 매 동작마다 그만큼의 노동이 발생된다는 점을 명심하고 불필요하게 움직이며 일거리를 발생시키지 말라는 얘기였다. 그래서 나는 오늘도 움직임을 최소한으로 하고 있다. 일어난 지 몇 시간이 지났는데 씻지도 않고, 잠옷 바람으로 컴퓨터 앞에 앉아 있으며, 심지어 앞으로 몇 시간 동안 계속 이러고 있을 예정이다. 만세!

임무를 완수하면 입금되는, 즉 먹고살기 위한 일을 제외하고도 하기 싫은데 해야만 하는 일이 왜 이리도 많을까. 아니, 지금도 충분히 버거운데 왜 자꾸만 늘어나기까지 할까. 어른의 삶이란 '그럼에도 불구하고'와 공생하는 생활이라는 걸 실감한다. 삶의 대부분을 차지하는 의무와 책임 또는 강제에 가장 최선의 방식으로 대처해야 하는 사람. 하고 싶은 건 많으나 하지 못하는 상황에 익숙해

저야 하는 존재.

  날이 갈수록 체력은 떨어지는 반면 귀찮음은 급속도로 불어나는데 나는 대체 뭔 생각으로 혼자 나와 살 생각을 한 건지 모르겠다. 손바닥만한 방 하나 정리하는 일도 어쩌지 못해 쩔쩔매는 나는 그런 의미에서 아직 독립 진행 중일지도 모른다. 언제쯤 진짜 독립을 하게 될까. 일 년 뒤? 아님 오 년 뒤? 아님, 평생 불가능하려나?

모두 대화하고 계십니까?

다른 사람과 의사소통을 더 잘하고 싶다면
먼저 자기 자신의 태도에 주의를 기울여라.
-도티 빌링턴 〈멋지게 나이 드는 법 46〉

사람과 사람이 나누는 대화는 얼마만큼의 힘을 갖고 있을까. 누군가와의 대화로 인해 인생의 전기를 맞거나, 새로운 발전을 경험하거나, 최고의 사랑에 빠지거나, 이제까지는 알지 못했던 커다란 진리를 만나는 등 이래저래 주워듣게 되는 드라마틱한 상황들이 있긴 하지만 과연 그 기적이 실제 삶에서도 이루어질까. 그렇다면 지금까지 수많은 대화와 함께 살아 온 나의 인생은 왜 늘 요 모양, 요 꼴인가.

결론부터 말하자면 나는 대화라는 명목으로 행해지는 수다에 대해 회의적이다. 어렸을 때부터 말을 많이 하기보다는 들어주는 성격이었고, 언뜻 보기에 진지해 보이는 외모를 갖고 있어서 그런지 사람들은 나에게 쉽게 속내를 털어놓았다. 이런 고민과 망설임

이 있다며 중얼중얼 말을 이어가다가 내 의견을 묻고 또 그 조언에 귀 기울이기도 하지만 그 마음속에선 이미 결론이 나 있다는 걸 알게 된 다음부터는 그저 그들이 원하는 말을 해주었다. 그럴수록 사람들은 더욱더 나를 좋은 대화 상대로 여기기 시작했다. 오 마이 갓!

그들은 수다를 통해 무언가를 얻었다고 생각하지만 따지고 보면 그건 대화도 소통도 아니다. 나는 먹물 같은 그들의 말을 그저 흡수한 것뿐이다. 보다 깊이 있는 교제나 소통을 위함이 아닌, 자신의 답답한 속마음을 털어놓고 위로 받기 위한 수다는 '방언'에 불과하다. 그 내용을 알아채고 '통함'을 느낄 사람이 얼마 없다는 면에서 사투리와 다르지 않으며 경우에 따라서는 상대가 벽이어도 상관없는 혼잣말의 성격을 띠기 때문에.

많은 사람이 자신은 대화를 즐기며, 또 잘하고 있다고 생각하며 산다. 나 역시 생각나는 것이 있으면 바로바로 이야기하고 주위를 신경 쓰지 않고 모진 말도 직설적으로 내뱉던 시기에는 스스로를 대화 잘하는 사람이라고 착각했다. 그러면서도 늘 대화가 부족하다고 느꼈다. 하지만 수다의 힘을 믿는 사람들이야말로 듣기보다는 말하고 싶어하고, 자기 감정의 배설을 대화라고 생각하며 상대를 지치게 만들기도 한다. 너는 없고 나만 있는 이야기. 너의 생각을 듣는 순간에도 나의 잡념을 멈추지 않는 수다. 우리는 다음의 예를 대화라고 착각하고 있지는 않는가.

A: 나 요즘 회사생활이 너무 힘들어.

B: 야, 말도 마라. 난 어떤 줄 아냐?

(B는 A의 말에 동조했다고 생각하지만 결국 그 말은 자신의 얘기를 시작하기 위한 도입일 뿐이다.)

A: 그 사람이 어떻게 나한테 그럴 수 있니? 걔가 그러면 안 되는 거잖아, 안 그래?

B: 그렇지….

(A는 B와 쿵짝이 맞는 대화를 했다고 생각하지만 B는 A가 원하는 리액션을 해준 것뿐이다.)

　살면서 만나는 사람들 중에 A유형이 더 많다는 사실에 점점 대화가 시시해지기 시작했다. 나의 사소한 버릇 하나도 못 고치는 사람이 남을 바꿀 수 있는 것도 아니고 해서 차라리 입을 다물기로 했다.

　대신 그 앞에서는 그저 듣는 '척'만 하며 속으로는 내일 아침 버려야 할 쓰레기나 마감이 얼마 남지 않은 원고, 방 청소 등을 어떻게 처리해야 할지 생각한다. 만에 하나 내가 아무리 생각해도 속답답한 할 말이 있더라도 그들은 나보다 늘 할 말이 많은 사람들이므로 웬만하면 내 얘기를 꺼내지도 않는다. 그래서 시간이 지날수록 내 말수는 줄어들었다. 수다가 힘이라고? 말하기 좋아하는 사람에게나 그럴 뿐, 듣는 사람에게는 독일 수도 있다.

수다는 해결책이 될 수 없다. 그러므로 다들 자기 살기 바쁜 타인에게 친분과 우정과 사랑을 이유로 자신의 어려움을 나누는 일을 강요하지 말자. 수다를 떨 시간에 어떤 게 나은 선택인지 스스로 고민해보자. 자기 인생에 대해 자꾸만 남에게 물음표를 던지는 일은 이제 그만 청산하고 알아서 결정하고, 알아서 행동하길. 우리에게 필요한 건 대화가 아닌 순발력이다.

지금 하고 싶은 것
= 지금 해야만 하는 것

우리 인생에서 오늘은 없는 거야. 날로 안 세는 거지.
그러니까, 원하는 건 뭐든 할 수 있어.
—영국 드라마 〈스킨스 skins〉

새벽 세 시 반. 아침 일찍 있는 일정 때문에 누운 지 세 시간이 넘었는데도 잠이 안 왔다. 와인이라도 좀 마셔볼까. 냉장고를 열어보니 와인은 둘째치고 대충 주워 먹을 것도 하나 없었다. 만약 냉장고 안이 빵빵했다면 보기만 해도 소화가 안 되는 것 같다며 서둘러 침대로 들어갔겠지만, 잘만 하면 내 한 몸 누일 수 있을 것 같은 공간을 보고 있으니 갑자기 하고 싶은 게 생겼다. 주섬주섬 옷을 챙겨 입으며 중얼거렸다. 잘됐다. 어차피 잠도 안 와.

새벽 네 시의 마트는 내 예상과 다른 풍경이 있었다. 이 시간에 장을 보는 중년 아주머니가 있으며 이 시간에 아이를 카트에 태우고 걷는 부부가 있고 이 시간에 의류 매장을 기웃거리는 젊은 남자들이 있었다. 묘하게 끓어오르는 동지의식을 무표정으로 감추며 걷다 보니 말똥말똥한 눈으로 괜히 침대에 안 누워 있길 잘했다는 뿌듯함마저 든다. 비장한 표정으로 카트를 끌며 계획에도 없는 물건을 주워 담기 시작했다. 지금 사고 싶은 것으로. 당장 집에 들어가 뚜껑을 열고, 뜯고, 소비할 수 있는 것으로.

당신은 욕망이라는 단어에서 어떤 이미지를 떠올리는가? 위험한 것? 불완전한 것? 좇으면 후회하고 말 허무한 것? 나는 한창 예쁘게 핀 꽃 한 송이를 꺾는 누군가의 손이 떠오른다. 주위를 둘러본 다음 서둘러 꽃을 꺾어 종종걸음을 걷는 뒷모습도 함께. 그 사람은 분명 웃고 있을 것이고 머릿속에는 갖가지 환상이 춤출 것이다. 분명 그 욕망은 단 몇 분이라도 그를 세상에서 가장 빛나는 사람으로 만들어주겠지. 하지만 뒤이어 비극적인 일이 벌어질 거라고? 왜? 그가 바란 것은 겨우 꽃 한 송이 정도인데도?

'다른 일을 하고 싶다'는 말이 입버릇이 되어버린 지인이 있다. 그는 지금 하고 있는 일은 생존과 생활을 위한 일일 뿐, 하고 싶은 일은 따로 있다는 말을 몇 년째 반복하고 있었다. 상황이 나아지고 결심이 굳혀지면 줄곧 꿈꿔 온 그 일을 향해 돌진할 거라는 얘기를 벌써 수십 번 듣고 나서 나는 더 이상 그의 결심에 귀 기울이지 않는다. 그가 지금 원하는 것은 그렇게 간절히 원하는 무언가를 이루는 일이 아니라 그저 결심을 되새기는 일이기 때문에. 몇 년간 자신의 마음과 머릿속을 지배하는 그 욕망 하나도 제대로 다스리지 못하는 그가 언젠가 그 일을 이루고 살 거라는 상상도, 그 일을 이루고 나서 행복해 하리라는 생각도 들지 않는다.

가끔 마음이 갈피를 잡지 못할 때 처세술 책을 뒤적거린다. 이렇게 행동하고, 이렇게 선택하고, 이렇게 살라며 대놓고 조언하는 그 책이 우습다고 빈정거리면서도 어느새 나에게 들려주는 것 같은 해답을 발견할 때면 마음이 놓인다. 만약 어떤 선택을 앞두고 계속 망설이고 있다면 더욱 신중해지라는 말에 감동하고, 상황은 여의치 않지만 당장 지르고 싶다는 마음이 들 때는 인생 뭐 없으니 지르며 살라는 말에 밑줄을 긋는다. 그러면서도 스스로의 모순에 질리고 만다. 왜 나는 나를 믿지 못할까. 왜 얼굴도 모르는 사람이 해주는 말을 잠언이라도 되는 양 의지하고 신뢰하는 걸까.

그래서 언제부터인가 나의 형편과 욕망이 상충할 때면 빈 종이를 꺼내 든다. 종이를 반으로 접어 왼쪽에는 그 일을 통해 얻게 될 것, 오른쪽에는 그것을 통해 잃게 될 것을 적는다. 하나하나 적어 내려가는 사이, 내가 이 일을 얼마나 원하고 있는지, 아니면 그저 무언가에 휩쓸려서 충동적으로 갖기를 바라고 있는지를 깨닫는다. 그 단순한 행동을 통해 내가 품은 욕심과 욕구의 질량을 가늠해보고 행동으로 옮기는 일은 그 어떤 처세술보다 좋은 해답을 내려준다. 단, 그 모든 과정에 있어 가장 중요한 것은 바로 '지금' 행복해지는 선택을 발견하는 일이었다.

묵혀 둘수록 가치가 높아지는 것들이 있다. 와인이 그렇고, 오래된 사랑이 그렇고, 세월의 흐름에 따라 값이 매겨지는 빈티지 아이템이 그렇다. 반면 막 잡은 물고기, 갓 딴 맥주처럼 신선할수록 빛나는 것들도 있다.

가장 중요한 것은 바로
'지금' 행복해지는 일.

욕구도 마찬가지다. 지금 하고 싶은 것, 지금 갖고 싶은 것, 지금 원하고 바라는 모든 것은 지금 채워져야 한다. 단 그 실현에 있어 자신만의 룰은 지켜야겠다. 나의 이 욕구가 남에게 피해를 주는지 그렇지 않은지, 주변 사람들과 나 자신까지 망치고 말 욕구인지 아닌지. 내가 당하고 싶지 않은 일은 남에게도 하지 않겠다는 다짐, 주변 사람들과 나 자신까지 망가뜨리지 않겠다는 결심은 생각보다 타당한 구속력을 갖는다.

갑자기 먹고 싶은 게 생겼다면 그건 몸이 원하는 거라는 말이 있다. 내 몸을 유지하기 위한 영양분과 필요가 식욕으로 나타나듯 내 마음이 원하는 것은 욕구와 욕망으로 표출된다. 우리가 매일같이 읊조리고 마는 '나중에', '이다음에'는 지금 품은 이 간절함이 분명 사라지거나 퇴색할 거다. 갑자기 하고 싶은 게 생겼다면 그건 바로 지금, 내 마음이 원하고 있는 것. 그 마음은 최대한 신선할 때 즐겨야 한다.

새벽 마실을 마치고 집으로 돌아오는 길. 내내 시커멓던 하늘은 서서히 동틀 준비를 하고 있었다. 그래도 집에 들어가자마자 와인을 딸 거다. 망설임 끝에 고른 치즈를 자를 거다. 약 세 시간 후엔 지옥의 얼굴로 출근을 하게 되겠지만 상관없다. 아무리 사소하더라도 지금 하고 싶은 건 지금 하면서 살 거다.

넌 좋아하는 일을 하잖아

나는 강한 사람이 아니다. 그냥 일을 할 때 약한 소리를 안했을 뿐이다.
- 오지은 〈홋카이도 보통열차〉

"사람들은 내가 무슨 불평만 할라 치면 그러더라. 그래도 넌 좋아하는 일을 하고 있으니까 감사한 줄 알라고."

얼마 전, 공연업계에서 일하고 있는 지인이 답답한 속을 털어놓았다. 오랜만에 만난 사람들 앞에서 가끔 속내를 드러내고 싶은 타이밍이 오면 절친들까지도 그런 말로 서둘러 정리해버린다는 얘기였다. 그리고 이야기의 흐름은 자연스럽게 '하기 싫은 일을 억지로 하면서도 견디며 사는 사람들의 공감대'로 넘어간다고. 그들은 그런 식으로 좋아하는 일을 하는 사람에겐 투정도 불평도 없는 게 당연하다고 못 박아버린다고 했다.

어렸을 적부터 꿈꿔온 일을 직업으로 가지고 있거나 자신이 하는 일에 만족하고 있는 사람, 아니면 음악, 미술, 문학 등 예술 계

통에 종사하는 사람이라면 유난히 이 얘기에 공감할 거다. 그들 역시 마음에 품고 있는 수많은 불평보따리를 풀라 치면 늘 이런 블로킹을 받아왔을테니. 나 역시 그랬다. 하루에 세 시간씩 자고 일주일에 7일을 출근하며 방송일을 할 때도, 백 원 단위의 푼돈까지 쪼개가며 책을 위한 취재여행을 다닐 때도 사람들은 그랬었다. "그래도 너는 좋아하는 일을 하잖아."라고. 그렇지. 맞는 말이긴 한데….

대부분의 직업은 숙명이 아닌 선택이다. 늘 돈을 벌기 위함이라는 단서가 따라붙기는 하지만 그 일을 하고 안 하고를 결정하는 것은 자신의 의지다. 부모님이 시켜서 하는 일이라도 부모님의 말을 들어야겠다고 결심한 것은 나고, 하기 싫은데도 억지로 하는 일이라 해도 억지로라도 해서 돈을 벌어야겠다고 마음먹은 것은 나 아닌가. 하지만 대부분의 사람들은 좋아하지 않는 일을 하고 있다는 사실에 방점을 찍을 뿐 그 모든 것이 자신의 선택이라는 사실을 쉽게 잊는다.

한때는 나도 불평의 건수가 불쑥불쑥 생겨날 때마다 싫어하는 일로 돈 버는 사람도 많으니까, 라며 입을 다물곤 했다. 하지만 단순히 불평을 들어주고 보듬어주는 일을 떠나 좋아하는 일을 직업으로 삼고 있는 사람들이 감당해야 할 더 큰 불이익이 있다는 건 다른 문제였다. 이른바 싫으면 관두든지, 라고 배부터 내밀고 나오는 '갑'들이 있다는 얘기다.

좋아하는 일을 하고 있으니 기본 생존권도 보장되지 않는 수입을 받고도 참아야 하며 과중한 노동도 견뎌내야 하며, 각종 불이익도 감수해야한다는 발상을 가진 '갑'들이 얼마나 많은지. 그 이유로 비정규직, 일용직, 프리랜서들은 수도 없이 급여를 떼이고 타당한 사유도 없이 해고당한다. 좋아하는 일을 하고 있다는 선택이 생존에 발목을 잡는 경우가 이 시간에도 빈번히 벌어지고 있는 현실이라니. 왜 좋아하는 일로 돈을 버는 일이 특권으로 둔갑하는가. 그 이유로 왜 그 외의 권리들까지 간단히 무시당해야 하는가.

나는 십여 년을 해온 방송일과 글쓰기를 접지 못한다. 수많은 불만이 있지만 여전히 내가 하고 싶은 일이기 때문이고, 이 역시 나의 선택이기 때문이다. 이 일만 하고 싶다는 긍정적인 희망보다는 이것밖에 할 게 없다는 비관적인 체념이 강할 때도 있지만 그럼에도 불구하고 계속해 나아가는 건 나의 선택임을 부정할 수는 없다.

하지만 몇몇 사람들은 그런 나에게 '그러니까 참아'라고 말한다. 하지만 똑같이 '그럼 너도 좋아하는 일을 하면 되잖아?'라고 되받아치지는 않는다. 내가 어떤 말을 해도 그들에게 나는 '누리고 사는 사람'이므로. 좋아하는 일로 돈을 버는 '특권층'이므로. 하기 싫은 일을 선택한 것도 본인의 의지라는 것을 그들은 앞으로도 모른 척하고 살 것이므로.

하지만 세상엔 나처럼, 지금 하는 일이 너무 행복해서가 아니라 차라리 말자며 입을 다물고 사는 사람들이 무수히 많다는 것, 하고 있는 일에 대해 불평하지 않는 이유는 매일 일이 즐거워 죽겠거나 만족스러워 미칠 것 같아서가 아니라는 것쯤은 알아줬으면 좋겠다. 가끔씩은 우리도 그런 생각을 한다. 이럴 줄 알았으면 안 좋아하는 일을 할 걸 그랬다고. 맘 놓고 투정이라도 부리며 살 걸 그랬다고.

그러니 주변에 나로 하여금 '그래도 넌 좋아하는 일을 하잖아.'라는 말을 내뱉게 하는 사람이 있더라도 부디 그 말만큼은 참아주길. 그저 참고 넘기기엔 너무 많은 불평을 늘어놓는다면 차라리, 듣기 싫으니 불평 좀 그만하라고 말해주길. 그가 불평을 줄여야 하는 이유는 그 불평으로 남의 기분까지 망쳐놓기 때문이지 좋아하는 일을 직업으로 갖고 있기 때문은 아니니까. 좋은 건 좋은 거고, 힘든 건 힘든 거다. 결국 먹고 사는 일이란 다 거기서 거기 아닌가.

사과가 늘었어

인생을 알고 나면, 인생을 살아갈 힘을 잃게 된다.
몰라서 고생을 견디고, 몰라서 사랑을 하고, 몰라서 자식에 연연하고,
몰라서 열심히 살아가는 것이다. —박민규 〈누런 강 배 한 척〉

"다 왔네요."

친하지도 않은 남자가 차로 집까지 데려다준다고 한 날. 됐다는데도 꾸역꾸역 집 앞까지 와서 일방통행인 길을 빙빙 돌던 밤. 푹신한 가죽 시트에 몸을 묻으며 편안함과 부담스러움을 번갈아 느끼는 사이 차는 집 앞에 섰다. 그 순간, 분명 웃는 얼굴로 고맙다고 말하려 했는데 다른 말이 튀어나왔다.

"미안해요."

남자는 '내가 왜 사과를 받아야 하지…?'라는 표정을 어색하게 감추며 서둘러 핸들을 꺾었다.

며칠 전, 동네 슈퍼마켓에 갔을 때의 일이다. "죄송한데 무슨무슨 치약 있나요?"라고 묻는 나에게 점원 분이 장난치는 표정으로

그랬다. "있어요. 근데 그게 뭐가 죄송해요?" 어색함에 헤헤 웃으면서도 속으로는 움찔했다. 그러게, 대체 뭐가 죄송하다고. 취소! 못 들은 걸로 해줘요!

날이 갈수록 사과가 는다. 나도 모르게 습관적으로 사과를 한다. 고마운 마음이 들 때도, 민망한 기분이 들 때도, 당혹스러울 때도, 뭐가 미안한지도 모르겠을 때조차 미안하다고 말한다. 예전엔 이러지 않았는데. 이게 다 세월 때문인 건가! 대체 왜 나는 점점 비굴해지는가!

그러고 보면 모를 때가 좋았다. 내 멋대로, 내 기분대로 행동하고도 아무런 죄책도 몰랐던 때가 좋았다. 그때는 사과하는 것도, 남의 마음을 먼저 따지고 행동 방향을 정하는 일도 할 줄 몰랐다. 머릿속에 '왜?'라는 의문이 뜨는 것은 그저 피하기만 했으니까. 골치 아픈 건 저 멀리 치워버리고 거들떠보지 않고 살면 그만이었으니까.

하지만 이제는 그러면 안 됐다. 그러면 안 되는 걸 '아는' 이상 그러면 안 될 것 같아서. 안다는 것은 결국 사람을 망친다. 알아서 겁내게 되고, 아니까 주저하게 되며, 알기 때문에 비극도 미리 만들어버린다. 거기다 과거의 안 좋은 기억까지 더해지면 도전과 진취라는 것은 도무지 설 자리가 없다. 행여나 실수할까봐, 이상한 사람이라는 소릴 들을까봐 자꾸만 움츠러들 뿐이다.

비굴함에 익숙해진다는 것. 자신의 비겁함마저 자조하며 농담이라도 날릴 수 있게 된다는 건 세월이 우리에게 준 이점이다. 해

학과 골계라니, 얼마나 수준 높은 코미디인가. 하지만 동시에 주위의 눈치를 보느라 전전긍긍하고, 틈만 나면 미안하다는 말을 내뱉는 건 중력이 주는 이면이다. 예의를 알고, 처세를 깨닫고 나니 이것저것 신경 쓸 건 늘어나고, 그러다 보니 점점 비겁해지는 것. 누리는 것들을 잃을까 두려워 안절부절못하는 사이, 어느새 나는 늘 사양하는 사람이 되어버린 건 아닐까.

가끔 어르신들께 선물을 드릴 때마다 당황한다. 고맙다며 기뻐하시기는커녕 "이런 걸 왜 사왔어!"라고 잔소리부터 하시는 모습에 종종 상처도 받는다. 하지만 나 역시 어느새 비슷해졌는지도 모른다. 고마워를 괜찮아로, 기쁘다는 말을 미안하다로 바꿔 말할 줄만 알았지 정작 하고 싶은 말을 하는 것에는 움츠러들고 있는 걸지도 모른다.

그렇다면 이왕 비굴해진 거, 방향이라도 좀 바꿔봐야겠다. 주변에 비굴해지는 대신 내 감정에 제일 먼저 비굴해지는 걸로. 내가 기뻐하는 일은 무엇인지, 내 마음이 원하는 것이 무엇인지를 살피고 늘 그것에 솔직해지는 걸로. 사양하기보다는 일단 누려보는 거다. 남들에게 어떻게 보일지를 걱정하는 게 아니라 나는 어떤지를 먼저 생각하는 거다. 안 그러면 나에게 제일 미안해 하며 살게 될 테니. 늘 사과만 하며 사는 사람이 될 테니.

일중독엔 약도 없다

> 난 해 뜨기 전 출근하고 해가 완전히 진 뒤에야 퇴근한다.
> 6개월 동안 혼자 하는 것 말곤 섹스 한 번 못했다.
> 그리고 냉장고에 들어 있는 건 늙어빠진 라임뿐이다.
> 키위일 수도 있겠지만 뭐, 누가 알겠는가.
> 하지만 하나 말해 둘 게 있는데 이건 조금만 참으면 지나갈 일이다.
> —영화 〈스트레스를 부르는 그 이름 직장상사〉

    오랜만에 만난 친구 O는 만나는 내내 회사 얘기를 했다. 일이 어떻고, 비즈니스 미팅에서 알게 된 누가 어떻고, 상사는 이렇고 후배는 저렇고…. 본인에겐 뜨거운 감자지만 나에겐 일주일 묵힌 감자부침개도 안 될 대화를 이어가면서도 손에서는 휴대폰을 놓지 못했다. 바탕화면에 달력이 깔려 있는 커다란 스마트폰. O는 일이 너무 많아 죽겠다고 했지만 나에겐 그저 일이 있어서 사는 사람처럼 보였다.

    사람들은 왜 일중독을 자랑스러워할까. 휴일에도 일 생각만 하고 일 이야기만 하는 일상을 어째서 당연하다고 여기는 걸까. 그렇게 사는 것이야말로 프로 직업인의 도리라 생각하고 이렇게 열정적인 사람이 또 어디 있냐고 자부하는 그들. 모든 일은 자신이 파악하고 있어야 하며 다른 동료나 후배에게 하던 일을 넘기면 불안함을 느낄 뿐, 결코 후련해 하지도 않는 사람. 세상은 이런 사람을 워커홀릭이라 부른다.

수많은 중독 중 가장 대책 없으며 골치 아픈 것이 바로 일중독이다. 자기도 모르는 사이에 건강을 빼앗기고 성품이 바뀌며 주변 사람들까지 모조리 스트레스의 함정으로 빠뜨리기 때문에. 그렇게 얻은 워커홀릭이라는 훈장 아래엔 세 가지 연약함이 숨어 있다. 바로 완벽주의, 자존감 결여 그리고 칭찬에 대한 갈증.

몇 년 전, 나의 일주일은 둘로 나뉘었다. 일하는 주중, 일 걱정하는 주말. 매일 끝도 없이 이어지는 일을 지긋지긋해 하면서도 정작 다가온 휴일에는 어쩔 줄을 몰랐다. 윗사람에게 칭찬만 받으면 이삼 일 밤을 새우는 건 힘든 것도 아니었고, 좋은 평가를 받지 못하면 실수라도 한 건 아닐까 전전긍긍했다. 고된 일상과 연이은 야근으로 체력 고갈을 느끼면서도 이상하게도 내 안엔 뿌듯함이 있었다. 하지만 순간순간 보람은 있었지만 하루하루가 행복하지는 않았다.

중독과 몰두의 결정적인 차이가 거기에 있다. 늘 집중하고 있음에도 결코 만족은 모른다는 것. 발전하기보다는 소모되고 있다는 것. 하지만 이 사실은 몇 개월 후, 건강상의 이유로 일을 그만둬야 할 상황이 왔을 때가 돼서야 알게 됐다. 그리고 백수가 되어, 내가 목매던 그곳을 멀찍이서 바라보았을 때 적잖이 충격을 받았다. 거긴 나 없이도 멀쩡히 굴러갔다. 아니, 오히려 더 잘 굴러가는 것 같았다. 그리고 매일같이 일 타령만 했던 나를 함께 일하는 동료들은 물론 친구들까지 불편해 하고 있었다는 걸 깨달았다. 그 이후 망가진 관계와 체력을 회복하는 데 얼마나 많은 시간과 노력이 필요했는지 모른다.

주변의 일하느라 애쓰는 후배들의 모습에서 예전의 나를 본다. 하루 24시간을 싸우고 화내며, 서로 물어뜯듯 일하는 그녀들을 대할 때면 애쓴다는 마음 대신 아쉬움이 생긴다. 몇 년이 지나면 너도 지금의 나처럼 '그때 일은 조금 덜 하고 더 열심히 노는 건데, 감성이 더 살아 있을 때, 체력이 더 좋을 때 여행도 더 다니고, 뭐든 많이 보고 많이 느끼는 건데…'라고 후회할지도 모른다는 생각이 들어서. 하지만 이런 얘기도 다 선배랍시고 늘어놓는 옛날이야기처럼 들릴 거라는 걸 안다. 나도 너 나이 땐 그랬어, 라는 말은 그다지 도움도 위로도 안 되지 않나.

잘하는 사람을 이기는 건 즐기는 사람.
나는 지금 내 일을 즐기고 있을까?

자신의 일에 몰두하는 사람은 아름답다. 하지만 우리의 일상과 마음의 가장 좋은 자리에 일을 먼저 앉히지는 말자. 일은 인생을 살기 위한 수단일 뿐 목적이 아니다. 요즘 음악과 결혼하는 뮤지션이 없는 것처럼, 일과 결혼하는 직장인이 어디 있다고. 하나밖에 모르는 사람은 자신은 물론 주위 사람들까지 질리게 만든다.

우리가 늘 고민해야 할 것은 '나는 일을 잘하는 사람인가?'가 아니라 '나는 지금 일을 즐기고 있는가?'이다. 더욱 효율적으로 일하는 존재로 거듭나기 위해 나의 중심까지 흔들며 살지는 않기를. 보이지는 않지만 내 안에 분명 존재하는 On/Off 스위치를 확실히 전환해 가며 사는 지혜를 발휘하기를. 일보다 내가 먼저니까. 일 잘하고 불행한 사람보다 일 못해도 행복한 사람이 더 강한 사람이니까.

행복을 위한 쇼핑

쇼핑만큼 여자들을 기운나게 하는 건 없다.
—마돈나

"일시불이요…."

토요일 오후, 오랜만에 백화점에 들렀다. 지갑 안에 돈만 넉넉하다면 나에게 365일 친절할 이 공간. 하지만 돈 들어올 날은 아직 멀었고 오늘은 달랑 지인의 선물만 사 가야 한다. 그런데 선물 포장을 기다리는 사이, 화장품 매장 점원은 새로 나온 향초를 소개하기 시작했다. 그래, 한 번만 맡아보지 뭐. 그런데 품격 높은 허브 향이 집요하게 코끝을 자극하기 시작한다. 그래, 괜히 신상품이겠어…. 조금만 더 푸시하면 구매를 확정지을 것 같은, 습자지처럼 얄팍한 내 귀를 눈치챈 점원은 연이어 유혹적인 낱말을 뱉어내기 시작한다. 유기농, 한정 판매, 사은품 증정…. 아, 왜 그러세요? 이럼 안 돼요, 돼요, 돼요. 잠깐의 망설임 끝에 결국 나는 지갑을 열었다.
　무언가를 산다는 행위에는 분명 쾌감이 존재한다. 그 쾌감에는 이 물건이 앞으로 나로 인해 어떻게 활용될지에 대한 기대감도 있다. 구입이라는 선택 앞에 나타나는 그 기대는 상상으로 이어진다. 이것을 통해 느끼게 될 행복과 만족 또는 실망감 그리고 뒤이어 발생될 여러 상황을 재빨리 머릿속으로 그려보는 일. 그런 의미에서 쇼핑은 일종의 극(劇)이다. 화장지, 비누, 치약 등의 생필품 쇼핑이 그다지 재미없는 이유가 여기에 있다. 어떻게 쓰일지가 뻔하다는 것. 비슷하게 소비되고 또다시 비슷한 걸로 다시 채워질 것이기에 별다른 감동도, 매력도 없다는 것. 그것은 생존을 위한 구매에 지나지 않는다. 따지고 보면 쇼핑이라는 건 쓸데없는 걸 사는 일 아닌가.
　신상품 향초가 담긴 쇼핑백을 들고 백화점을 빠져나오는 순간 두근거림만큼의 죄책감을 느낀다. 앞으로 몇 주간 기쁨을 전해줄 아이템을 손에 쥐었다는 설렘과 예상치도 못한 값비싼 쇼핑을 하고 말았다는 자책. 하지만 이미 엎질러진 물이라고 툴툴 털게 되는 걸 보니 오늘 쇼핑은 절반의 성공이다. 절반을 잘만 사사오입하면 완전해지는 법. 이로써 오늘의 쇼핑은 완벽한 성공! 이럴 때 보면 세상에서 나만큼 긍정적인 사람이 또 없다.
　평소 이런 식으로 사들이는 물건 중에 효용성 대비 비합리적인 가격을 자랑하는 아이템이 몇 갠가 있다. 늘 이러면 안 되는 걸 알면서도 자꾸 사게 되지만 높은 가격 대비 양질의 행복을 선사하는 것들. 나는 그것을 '기회비용 아이템'이라 부른다. 그리고 이 기회비용 아이템을 사는 일을 '행복 쇼핑'이라 부른다.

나를 한없이 황홀하게 하는 대신 한층 더 가난하게 만드는 그 '행복 쇼핑'의 앞뒤엔 늘 변명이 따라붙는다. 우리가 하기 싫은 일을 하면서 돈을 버는 이유가 여기에 있는 거고. 노동의 대가로 얻어낸 재화를 보다 질 높게 누리는 일도 어쩌면 우리의 의무라고. 그 변명은 자기 합리화로 이어진다. 세상에 필요에 의한 쇼핑만을 하는 사람이 어디 있다고. 만약 있다고 해도 나는 그런 사람이 아니며, 어차피 계속 그렇게 살 거면 적어도 죄책감은 조금씩 줄여가야 한다고. 누가 행복을 돈으로 살 수 없는 거라고 했나. 나는 아로마 향초라는 행복을 일시불로 긁었는걸.

그래도 일말의 양심과 한정된 경제력을 가진 사람이기에 그 행복 쇼핑의 빈도를 최소한으로 줄여보려고 노력한다. 보다 더 저렴한 행복은 없는지도, 어디서 더 합리적으로 구매할 수 있는지도 따져본다. 행복을 아무런 대가 없이 손에 넣겠다는 요행(!)도 바라지 않는다.

그러므로 오늘 또 한 번 기회비용 아이템을 사들이고 말았다며 자책하지 말아야겠다. 보다 양질의 행복 쇼핑을 즐기기 위한 수칙 세 가지는 이미 써버린 돈에 대해서는 아쉬워하지 말 것. 대신 그것이 전해주는 쾌감은 200퍼센트 즐길 것. 그리고 언젠가 다가올 또 한 번의 기회를 위해 짜증나고 하기 싫은 일도 견뎌 나갈 것.

약속 없는 휴일 밤. 일찌감치 침대에 누워 새로 산 향초에 불을

이미 써버린 돈에 대해서는 아쉬워하지 말 것.
대신 그것이 주는 쾌감은 알뜰하게 즐길 것.
언젠가 다가올 또 한 번의 기회를 위해 하기 싫은 일도 견뎌 나갈 것.

붙였다. 푹신한 이불을 덮고 조금씩 아껴 읽고 있는 소설책을 펼쳤다. 침대 옆 테이블 위엔 뜨거운 차가 김을 내뿜고 있다. 이 순간만큼은 100퍼센트 행복하다. 비록 돈 주고 산 행복이라도 내 것이 틀림없다는 사실에 감사하다. 그나저나 월말 카드값이 걱정이네. 에이, 그런 걱정은 월말에 하면 되는 거지 뭐. 오늘 일은 내일 걱정하고, 내일 일은 모레 처리하면 되는 거 아니었어?

콤플렉스라는 이름의 개성

아무리 노력해도 안 고쳐지는 것, 그게 개성이에요.
─ 미츠우라 야스코(개그우먼)

"난 더 이상 남들이 뭐라 말하든, 어떻게 생각하든 상관없어요. 이미지고 뭐고 됐다 그래요!"

얼마 전 일본의 한 토크쇼에 출연한 중견 탤런트의 말. 평소의 번듯한 이미지와 다르게 그날 따라 저돌적인 멘트를 툭툭 던지는 모습에 사회자들은 어색한 웃음을 지으며 그를 말렸다. 그러자 그는 장난 섞인 목소리로 그렇게 소리쳤다. 그 장면에 덩달아 킬킬거리면서도 마음 한구석이 움찔했다. 부러워서. 나는 대체 언제쯤 저렇게 말할 수 있을까, 싶어서.

자신을 구성하는 요소 중 가장 큰 비중을 차지하는 것을 무엇이라 생각하는가? 아무도 안 본다는 가정하에 최대한 솔직하게 대답해본다면? 그 대답을 통해 내가 갖고 있는 강박이 무엇인지 알 수 있을 거다. 평소 무엇에 스트레스를 받고 어떤 약점을 숨기기 위해 노력하고 있는지도 발견할 수 있을 거다. 언뜻 별거 아닌 것 같은 이 질문은 또 다른 종류의 뇌 구조 분석을 도와줄지도 모른다.

부끄럽지만 나를 구성하는 가장 큰 요소는 '선함에 대한 강박'이다. 어렸을 때부터 예쁘고 머리 좋은 언니에 비해 그다지 큰 기대를 받지 못하고 자란 나는 누가 봐도 별다른 특징이라고는 없는 아이였다. 과연 나라는 아이의 경쟁력은 무엇일까를 고민하다 '착한 사람은 될 수 있을 것 같다'는 결론을 내렸다. 아니, 이 모든 생각은 어른이 된 지금에서나 끼워 맞추게 된 것일 뿐, 당시엔 그저 칭찬 받는 사람이 되고 싶었다. 나의 소유가 아닌 나의 노력으로 사람들에게 호감을 주는 사람. 나는 '좋은 사람'이 되고 싶었다.

내가 생각하는 좋은 사람이란, 화를 내지 않고 싸움을 하지 않으며 모든 사람에게 친절하고 늘 예의를 지키는 사람. 그래서 나는 친구들과도 싸우지 않고 마음에 들지 않는 일이 있어도 결코 언성을 높이지 않았으며 낯선 사람들에게도 늘 상냥하고 예의 바르게 행동하려 애썼다. 비록 나에게 타인을 끌 만한 매력이 없더라도 무난하고 유연한 성격을 연기하면 좋은 사람은 될 수 있겠다는 믿음으로. 결과는 대성공이었다.

하지만 주변에서 좋은 사람이라는 평가를 얻을수록 내 속은 문드러졌다. 처음에는 하고 싶은 일이 있어도 참아야 했지만 나중엔 하고 싶은 얘기도 못하는 사람이 됐다. 제대로 화낼 줄 몰랐으며 싸움은 그저 피하기에 급급했고, 누군가가 나를 미워한다는 생각이 들면 밤잠을 설쳐가며 괴로워했다. 마음에 들지 않는 상황 앞에서는 그저 얼굴만 붉히고 깊은 밤, 이불 안에서 발차기만 했다. 누구보다 강해져서 세상에 잘 심겨지기 위한 선택이 결국엔 나를 더욱 약하고, 예민하고, 강박적으로 만들다니. 그렇게 나는 그저 좋은 사람 콤플렉스를 가진 사람이 되어버렸다.

내성이라는 것은 참 무섭다. 나도 모르는 사이 내 안에 생긴 그 힘은 무언가를 느끼는 데도, 표현하는 데도 무디게 만드니까. 더 나아가 그 무뎌짐조차 눈치채지 못하게 하니까. 하지만 이미 '착하게 살기'라는 내성이 생긴 요즘에 와서야 더 이상 좋은 사람이 되고 싶지 않다는 생각을 하고 마니 이를 어쩌면 좋을까. 하고 싶은 말이 있다면 시원하게 내뱉고, 내 행동이 어떻게 보일지 주위를 신경 쓰지 않으며, 때로는 질펀하게 싸우기도 하면서 살고 싶다는 바람.

하지만 나는 분명 그렇게 하고도 발 못 뻗고 잘 사람이며 며칠을 고민하느라 오히려 더 늙어버릴 사람이다. 아무리 나쁜 남자와 악녀가 트렌드가 된 지 오래고, 착한 사람은 그 옛날 동화나 만화에나 주인공으로 등장하는 자극도, 매력도 없는 존재라 해도 나는 그렇게밖에 살 수 없는 사람이다.

자신의 약점을 인정하는 일은 큰 용기를 필요로 한다. 반면 자신의 약점을 인정하는 것만큼 현명한 처세는 없다. 난 이러니까 댁들이 받아들여, 라는 배짱을 부리는 사람을 대할 때 속으로는 뭐 저런 놈이 다 있나 싶으면서도 슬금슬금 부러워지는 게 사실 아닌

가. 그래서 나 역시 나만의 처세를 발휘하기로 했다. 나는 늘 여우가 되고 싶다고 중얼거리는 곰이라는 걸 받아들이기로. 기껏 약삭빠른 척해도 숭숭 뚫린 빈틈을 보이고 마는 어수룩한 사람이라는 걸 인정하기로. 삼십여 년 동안 지속해 온 이 '좋은 사람 콤플렉스'를 버리는 것이 나에겐 더 힘든 일이라는 것을 이제는 알 때가 됐다.

세상 모든 사람이 자기 주머니만 쳐다보고 살 필요는 없다. 누군가의 말처럼 내가 가진 콤플렉스는 나만의 개성일지도 모르니까. 나의 단점을 개성으로 인정하고 사는 것, 그 개성을 받아주는 사람들과 어울려 사는 것, 그것이 우리가 발휘할 수 있는 가장 현실적인 처세 아닐까.

진짜 미인이 되고 싶어

따지고 보면 아름다움이란 행복과 밀접한 관련이 있다.
스스로 불행하다고 느낄 때
거울 속 나는 못생겨 보이고, 초라해 보이고,
그렇게 우울해 보일 수가 없다.

결국 내가 아름다워지고 싶은 이유는
행복해지고 싶기 때문.
행복한 여자는 저절로 아름다워 보이니까.
진짜 미인이란 늘 행복을 실감하며 사는 사람일 테니까.

행복만큼 당신을 아름답게 만드는 화장품은 없다.
-마거리트 가드너 블레싱턴 (작가)

미용실에 지분 있는 여자들

머리를 새로 하면 늘 불만이 많았다.
전인권 아저씨 같애. .
난 몰라… 착 달라붙었잖아. 소가 핥았나?
앞머리 왜 이래? 호섭이야?
그러다 난 알게 됐다. 마음에 안 드는 건 내 머리가 아니라
내 얼굴이었다. —홍인혜(루나파크) 〈사춘기 직장인〉

한 여자가 일생 동안 미용실에 들이는 돈을 합산해보면 적어도 소형차 한 대 정도는 뽑을 수 있을 거다. 얼굴색이 칙칙해졌다 싶으면 염색을 하고, 스트레스가 쌓이면 머리를 자르고, 그도 아니면 일 년에 한두 번 파마나 볼륨 매직스트레이트는 해야 직성이 풀리는 여자들. 만약 출입 횟수를 기준으로 미용실의 사업수익 지분을 나눈다면 대한민국 여자들은 중역 내지 간부급 정도는 되지 않을까.

언제부터인가 멋진 헤어스타일은 패션과 기분은 물론 행복지수까지 책임지는 요소가 됐다. 머리 스타일이 마음에 들지 않으면 거울을 볼 때마다 짜증이 나는 것을 넘어서 출퇴근은 물론 사람도 피하고 싶고, 매사에 자신감까지 상실하는 반면, 오랜만에 마음에 쏙

드는 헤어스타일을 한 날은 그 머리를 만들어준 디자이너를 업고 다니고 싶은 기분까지 든다. 하지만 이 기준은 철저히 주관적이어서 '마음에 드는 헤어스타일'이라는 명제에도 백 개쯤의 각기 다른 취향이 충돌하기 마련.

'마음에 드는 헤어스타일'이라는 기준에 부합하려면 자신의 만족과 주변인들의 평가가 동시에 충족되어야 한다. 우선 나의 만족은 헤어스타일이 완성된 직후 미용실 거울을 통해 확인할 수 있다. 딱 봐서 긴 시간과 적지 않은 돈, 수많은 고민과 인내 대비 적당한 성과가 보이는 머리라면 일단은 만족. 첫눈에 결코 만족스럽지 않다면 헤어디자이너의 "어머, 너무 예쁘다!"라는 칭찬은 들리지도 않는다.

주변인들의 평가는 새로운 헤어스타일을 하고 출근한 아침에 알 수 있다. "머리했구나?"라는 질문 뒤에 더 이상 다른 말이 따라 붙지 않는다면 절반의 실패. 머리를 했는지 안 했는지도 모른다면 7할의 실패, "머리는 금방 자라니까…"는 아예 저주다. 반면 "어머, 나도 그 미용실 소개시켜줘!"라는 말을 들으면 안심 내지는 성공. 만에 하나 내 취향이 아니었어도 마음을 돌려볼 수 있는 여지가 마련된다.

이런 이유로 마음에 드는 헤어스타일을 책임지는 미용실을 찾는 일은 일자리를 알아보는 것 이상으로 중요한 문제다. 서른이 넘은 여자라면 그동안 사귄 남자의 수만큼 미용실에서 실패한 경험을 갖고 있기 마련이다. 나 역시 잠시 졸다 깬 사이 거울 속 아줌마

파마머리를 발견하고 미용실 의자에 앉아 눈물을 찔끔거린 적도 있었고, 싸다는 이유로 찾아간 미용실에서 파마를 했다가 이삼 년 동안 머릿결이 회복불능 상태에 빠진 적도 있었으며, 낯가리는 성격에 미용실 스태프들이 이것저것 권하는 것을 거절 못하고 계산대에서 상상을 초월한 금액을 대면하고 경악한 적도 있었다. 그 참담한 고난을 거쳐 한 곳에 정착했을 때의 든든함은 몇 개월 치 월급이 통째로 들어온 통장을 바라볼 때의 심정과 비슷했다. 그러니까, 평생의 반려자를 만난 여자의 기분도 이와 비슷하려나? 그건 잘 모르겠으니 패스.

내가 생각하는 '좋은 미용실'이란 이상적인 가격, 체인점이 아닌 개인 미용실, 긴말 없이도 소통 가능하고 수다스럽지 않은 디자이너라는 세 가지 조건을 갖춘 곳이다. 낯선 사람 앞에서는 유난히 긴장하고 이것저것 대놓고 요구사항을 말하지 못하는 성격이기 때문에 맨 처음, 잡지 속 사진 한 장을 북 찢어 가 내밀었는데도 아무 말 없이 그대로 만들어주는 지금의 디자이너 분을 만나고 나서는 평생 여기만 다녀야겠다고 결심했다. 그동안의 헤어스타일은 물론 모질과 취향, 관리 습관까지 알고 있어서 잠시 그분이 일을 쉴 때는 산발을 하고 다니는 한이 있더라도 다른 미용실에는 가지 않을 정도다. 그렇게 단골 미용실이 주는 편안함을 누린 지도 벌써 칠 년이 넘었다.

마음에 드는 헤어스타일이란 갑(손님)의 취향과 을(디자이너)의 손재주가 적절한 화학작용을 일으켰을 때 탄생되는 것인 만큼 맡기는 사람과 만드는 사람의 궁합도 중요하다. 그러므로 가격이 저렴하다며, 잘한다고 소문난 곳이라며 메뚜기처럼 찾아다니는 것보다 나와 커뮤니케이션이 잘되는 디자이너를 찾는 일, 새로운 곳을 뚫어보겠다며 개척자 마인드를 발휘하는 것보다 언제든 마음 편하게 들를 수 있는 미용실을 마련하는 것이 먼저다.

모두의 욕구를 충족시키는 미용실이 과연 지구상에 존재할까. 내가 다니는 그 미용실도, 지인 모두가 만족한 게 아닌 것만 봐도 취향의 다양성을 실감하게 된다. 하지만 이제 그만 정착할 때. 다시 가지도 않을 미용실을 돌아다니며 돌아오지도 않을 지분을 투자하는 일은 이제 그만둘 때다.

서른이 훌쩍 넘었는데도 여전히 머리할 때가 되면 '어디로 가지?'를 고민하고 있다면 다음 두 가지 이유 중 하나일지도 모른다. 헤어스타일이라는 것에 지나치게 기대를 걸고 있거나 머리에 돈을 너무 안 들이거나. 머리로 사람의 생김새까지 바뀌지 않으며 최저의 비용으로 최대의 효과를 기대하는 일은 적어도 미용업계에서는 요행에 가까운 일이다. 연예인 누가 다니는 미용실에 다닌다고 연예인 얼굴이 되는 건 아니며 싸다고 다 좋은 것도 아니다. 나에게 완벽한 헤어스타일을 갖는 것이 어디 그리 쉬운 일이라고. No pain, no gain. 고난 없이는 예쁜 머리도 없다.

늦게 자고
늦게 일어나지요

무기력한 생활이 부끄러웠지만 수치심은 잠깐뿐이다.
―박정석 〈화내지 말고 핀란드까지〉

일터가 곧 집, 집이 곧 침대인 프리랜서의 장점이라면 매일같이 '내 게으름의 끝은 어디인가'에 도전해볼 수 있다는 것. 행여 뒤돌아보면 소금 기둥으로 변해버릴 사람처럼 산처럼 쌓여 있는 일거리도 거들떠보지 않으면 그만이고, 하루에 한두 번 냉장고 안에서 그나마 섭취 가능한 음식물을 찾아 먹으면 끼니는 해결된다. 그런 날의 신체 움직임은 마치 건강상의 이유로 몸을 움직이는 일이 금지되어 있는 사람 아니, 어쩌면 훈련으로 숙달된 중국 기예단과도 비슷하다. 소파에 누워 두 발로 티슈를 집거나 턱으로 TV를 켜는 것은 기본, 엄지발가락을 힘껏 오므려 노트북 전원을 누르는 신공도 선보이니까.

그럴 때는 시도 때도 없이 몰려드는 졸음에도 무방비 상태가 된다. 점심 즈음 일어나 먹은 점심식사(정확히는 아침식사) 후에 몰려오는 낮잠에 지쳐, 다시 몰려드는 정체 모를 잠에서 깨면 어느새 밤이 되어 있거나 불현듯 허리가 너무 아파서 억지로 몸을 일으켜보면 다음 날 아침인 당황스러운 날도 있다. 그런 식으로 생산적인 일이라고는 하나도 안 하는 일상을 얼마간 보내다 보면 나란 사람이 애초부터 뭘 할 줄은 아는 사람이었나, 라는 진지한 의문마저 생긴다. 참고로 나는 그 의문을 품고 산 지 벌써 두 달이 넘었다.

아무런 계획이 없는 휴일에도 새벽 여섯 시면 하루를 시작하시는 부모님은 그동안 이런 나를 어떻게 생각하고 계셨을까. 안타까워하셨을까, 아니면 애초에 포기하셨던 걸까. 세월이 흐를수록 몸소 깨닫게 되는 것 중 하나는 판에 박힌 말일수록 불변의 진리라는 사실. 가끔씩 지나가는 말로 '일찍 자고 일찍 일어나라'를 되풀이하셨던 아빠의 모습을 떠올려보니 내 생활이 엉망진창이 된 이유는 단 하나일지도 모른다. 바로, 늦게 자고 늦게 일어나는 습관.

주변의 지인들 중 "잠이 안 와서 큰일이야"라며 만성불면증을 호소하는 사람 대부분이 나와 비슷한 생활 패턴을 갖고 있었다. 밤에 잠이 오지 않는 이유는 이미 낮에 밤에 잘 잠까지 다 자버렸기 때문이거나 식곤증을 물리쳐보겠다며 커피를 여러 잔 마셨기 때문이며 더 나아가 수많은 근심과 잡생각이 수면욕보다 힘이 세기 때문이다. 잠이 안 오면 일이라도 할 것이지, 내내 빈둥거리다 마감 전날이 되어서야 발등에 떨어진 불을 한탄하고, 결국엔 밤을 새우고는 한층 푸석푸석해진 얼굴을 마주하는 일상을 반복하는 사람들!

  하지만 하루가 다르게 저질 체력으로 다운 그레이드되는 건강을 챙기기 위해서라도 생활습관의 개선이 급선무라는 생각이 들었다. 나의 첫 번째 도전은 정상적인 수면생활 영위하기. 그 첫 단계는 낮잠 끊기였다. 졸리면 잠깐 누워 있더라도 눈은 감지 않을 것(!). 그리고 웬만하면 누울 수도 없는 카페 등 나가서 작업할 것. 만에 하나 집에서 일을 하더라도 침대가 있는 복층에는 절대 출입 금지. 고등학교 때였나, 같은 반 친구 중 하나가 시험기간에는 침대를 옆으로 세워놓고 공부한다는 말을 했었는데 그렇게 무식한 방법이 의외로 도움이 될 때가 있었다.

  그리고 두 번째는, 적어도 새벽 두 시 전엔 잠들기. 단, 수면의 질만큼은 최대치로 끌어올릴 것. 그 이유로 드라마나 영화를 보면서 새벽을 맞는 일은 절대 금지였고, 밀린 일이 있으면 아침에 일어나서 한다는 생각으로 일찌감치 잠자리에 들었다. 그리고 자기 전에 TV 시청이나 인터넷 등 컴퓨터 모니터를 보는 행위가 숙면을 방해한다는 임상실험 결과를 접하고 나서는 자기 전 두 시간 전쯤엔 각종 전기기기도 피했다. 컴퓨터 전원을 끄고, 음악이나 라디오도 듣지 않고, 전등도 가급적 켜놓지 않았다. 그렇게 해서 하루에 단 십 분이라도 좋으니 어제보다 일찍 일어날 수 있게끔 알람을 맞춰놓고 일주일 또는 한 달 단위로 기상시간을 앞당기려고 노력했다.

  이 모든 시도를 시작한 지 약 사 개월 만에 나는 밤 한두 시 사이에는 꼭 잠자리에 드는 취침 생활인이 되었다. 문제는 그래도 열한 시에 일어난다는 것. 새벽 두 시에 자도, 새벽 여섯 시에 잔 것처럼 다음 날 오전 열한 시가 되어서야 일어난다는 것. 그래도 예전처럼 몸이 찌뿌드드하지 않고, 숙면에 이르기까지 놀랄 만큼 시간이 단축되었다는 면에서 절반은 성공했다며 자축하고 있는 중이다. 유일한 단점이라면 가끔씩 새벽까지 이어지는 술자리에서 늘 졸고 있다는 것쯤 되려나.

그동안 영위해 온 일상을 되돌아보고, 더 나아지려는 노력은 강박이 아닌 도전이다. '도전'이라는 말이 어쩐지 버겁게 느껴진다 해도 더 이상 망가지지 않기 위한 관리는 필요하지 않을까. 그런데 그 자기 관리라는 게 의외로 식상하고 빤한 규칙을 지키는 것에서부터 시작된다는 사실. 일찍 자고 일찍 일어나기, 끼니 거르지 않기, 꾸준히 운동하기…. 이런 거 모르는 사람 없지만 지키는 사람은 얼마 없지 않나. 그러니까 오늘부터 빤한 것부터 하나씩 실천해보는 건 어떨까. 어느새 내 생활과 체력은 조금씩 달라질지도 모른다.

잘 자고 잘 일어나기.
사소하지만 중요한 생활습관.

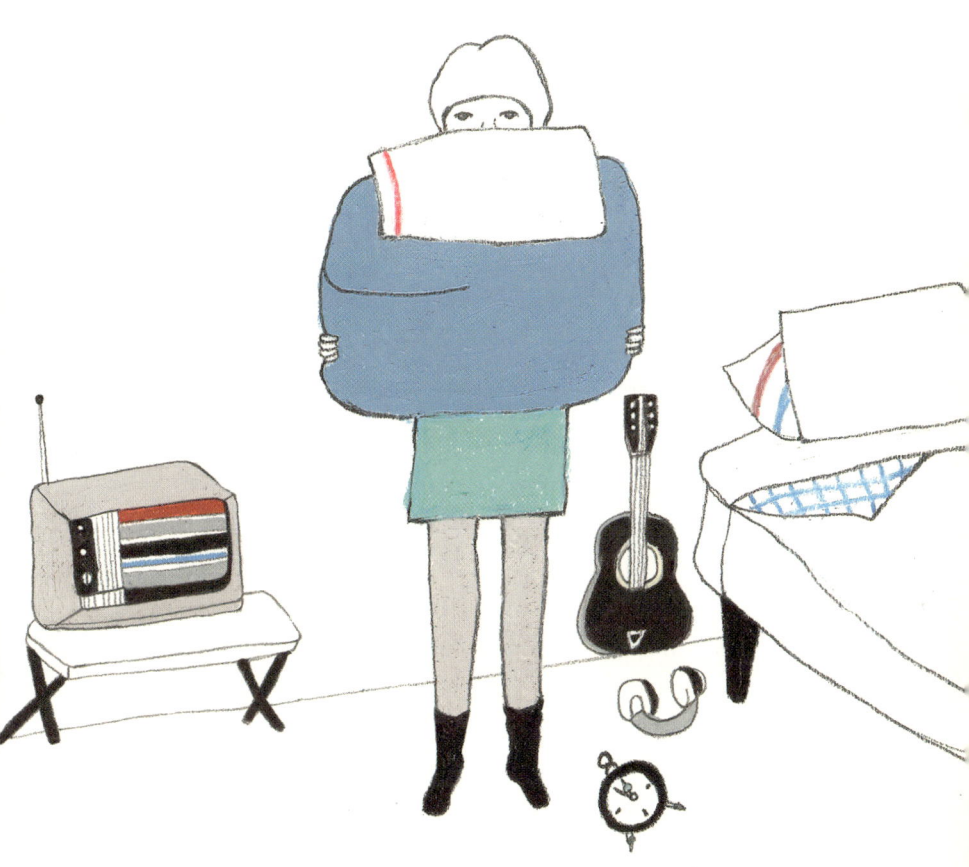

휴가의 시작은
병원으로부터

아프면 너만 손해다. -우리 엄마

"진료 예약 좀 하려고요."

급작스럽게 받게 된 일주일 휴가를 앞두고 산부인과, 유방암 클리닉, 안과 진료를 예약했다. 언젠가부터 평일에 삼 일 이상 휴가를 얻게 되면 가장 먼저 하는 일은 바로 병원 진료 예약하기. 일 년에 한두 번 정기검진을 받아야 하는 산부인과, 유방암 클리닉은 물론 안과, 내과, 치과, 한의원, 피부과 등 새롭게 들러야 할 병원도 여러 군데다.

하루 만에 초음파를 찍고, 내진을 받고, 안과 진료까지 마치고 나니 약값을 포함한 진료비만 45만 원이 나왔다. 이로써 몇 달 후 계획했던 3박4일 제주도 여행이 날아가는구나.

나이를 한 살 한 살 먹어갈수록 지병은 깊이를 더해가고, 새롭게 치료 받아야 할 부위도 늘어간다. 내가 이렇게 늙었구나, 라는 감상에 빠질 틈도 없이 하루라도 빨리 건강을 챙기기 위해서는 보다 나은 병원을 알아보고 예약을 서두르는 순발력이 절실해진다. 하지만 유일하게 늦잠을 잘 수 있는 토요일 아침을 병원 가는 일로 빼 두는 것은 실현 불가능한 일. 그래서 휴식이 아닌 건강을 위해 휴가를 비우기 시작한 거다.

몇 년 전까지만 해도 일주일간의 휴가가 주어지면 가장 먼저 항공권 예약사이트를 클릭했다. 휙 하고 다녀올 수 있는 해외 여행지는 어딘지, 싸게 나온 항공권이 없는지 알아보며 어렵게 얻은 휴가를 매일 지내던 이곳과는 다른 어딘가에서 보내려 애썼다. 그도 아니면 그동안 못 본 영화를 한꺼번에 보거나 책을 여러 권 주문해서 읽거나 한동안 못 만난 사람들을 만나느라 일할 때보다 더 부지런을 떨었다.

하지만 요즘 부쩍 자주 듣는 얘기는 어딜 가니 좋더라, 어디 여행지가 요즘 뜬다더라보다 누구 어머니가 암으로 돌아가셨더라, 동료 누군가가 수술을 받았다더라, 친구 누가 몸이 안 좋아서 일을 그만두었다더라, 다. 즐거움이 왼쪽, 건강이 오른쪽에 펼쳐진 두 갈래의 길 앞에 선다면 이제는 오른쪽으로 발걸음을 옮겨야 할 때. 하지만 내 또래의 여자들이 다 나와 비슷한 생각을 갖고 있진 않은가 보다.

얼마 전 유방암 클리닉에 들렀을 때의 일이다. 나 바로 앞에 진료를 받은, 족히 마흔은 되어 보이는 여성 분의 가슴에서 종양이 발견된 모양이었다. 심각한 표정으로 간호사와 나누는 대화를 드문드문 들어보니 오늘 처음으로 유방 초음파를 찍어봤다는 얘기. 중년을 앞둔 나이에 종양과 물혹, 섬유종에 관한 기본적인 지식도 전혀 없이 불안함에 떨고 있는 목소리를 들으니 기가 막혔다. 어떤 사정이 있어서 그동안 한 번도 진료를 받지 못했는지 모르겠지만 만약 나랑 친한 사이였다면 나도 모르게 등짝을 때렸을 것 같다는 생각을 했다. 우리는 몇 달 전까지만 해도 깨끗했던 가슴에 몇 개씩 물혹이 생기고, 평생 모르고 살았던 생리통이 생겨 병원을 찾으면 자궁에 이상이 생겼다는 진단을 아무렇지도 않게 받는 나이 아닌가.

아파도 병원 가기를 꺼리는 사람들이 일삼는 가장 흔한 변명은 당황스럽게도 '무서워!'다. 내 몸에 이상이 있다는 것이 기정사실화되는 것이 두려워서 병원을 피하고 있다는 얘기를 눈 하나 깜짝하지 않고 한다. 그런 사람들일수록 정기검진은 당연하고 기본적으로 병원에 가는 일 자체를 피하기 바빠서 충치나 눈병, 더 나아가서는 지병까지 방치하다 결국에는 고통을 참지 못하고 병원을 찾는 통에 더 심각한 상황을 맞이하기도 한다. '무서워!'에 버금가는 또 다른 변명은 '시간이 없어!'다. 몇 년 전 내가 그랬던 것처럼 휴일이 생기면 늦잠을 자거나 놀러 갈 시간은 있어도 병원 갈 시간은 없는 거다.

나는 '인명은 재천'이라는 말이 싫다. 아프면 아픈 대로, 건강하면 건강한 대로 주어진 명대로 살겠다는 것이 대체 무슨 말인가.

나의 질병은 그저 내 일이 아니다. 아픈 사람은 결국 주위 사람을 힘들게 하고 자기뿐만이 아니라 주변 사람까지 큰 고생을 시킨다. 가족이 있는 사람은 가족을 생각해서라도 함부로 아파서는 안 되며, 가족이 없는 사람은 나 한 몸뿐이니 더더욱 스스로를 잘 챙겨야 한다.

예쁘게 화장을 하고 멋진 몸매를 자랑하고 다니는 것보다 중요한 자기 관리는 건강에 신경 쓰는 일이다. 서른 전후의 여자라면 산부인과 내진과 갑상선, 유방 초음파 검사만큼은 반드시 정기적으로 받는 습관을 들이자. 처음엔 거부감이 들겠지만 시작하면 아무 일도 아니다. 그저 창피하다고, 무섭다고 검진 받는 일을 피한다면 나중에 더 창피하고 무서운 일을 겪게 될지도 모른다.

당신이 상상하는 가장 큰 비극은 무엇인가? 내가 생각하는 가장 큰 비극은 내가 큰 병에 걸려 매일같이 병원에서 눈을 뜨고, 사랑하는 사람들을 심적으로나 육체적으로 힘들게 하는 일이다. 그렇게 되지 않기 위해 할 수 있는 일은 꾸준히 병원 진료를 받는 일. 지병을 키우거나 잠재된 질병을 안고 살지 않는 일. 무엇보다 건강을 챙기는 일이다. 병원은 무서운 곳이 아니다. 그러니까 당장 가까운 휴일 날짜로 병원 진료를 예약하시기를. 내 몸이 어떤 상태인지 누구보다 내가 먼저 알고 있어야 하지 않겠는가.

명품 백과 속옷

토마토가 토마토인 한 그건 진짜다.
토마토가 멜론처럼 보이고 싶어하니 가짜가 되는 것이다.
—아이다 미쓰오(시인, 서예가)

"우와, 언니. 가방 사셨어요?"

주말이 지나고 출근한 월요일. 선배가 그동안 못 보던 가방을 들고 왔다. 그런데 이 가방, 요즘 할리우드 여자 연예인들이 자주 들고 다닌다는 그 명품 백 아닌가! 웬만한 직장여성 한 달 월급 정도 한다는, 하지만 그 가격이 무색하게 없어서 못 판다는 그 가방! 하지만 선배는 나의 존경 어린 시선에 멋쩍은 표정을 지으며 소곤거렸다. 이거, 짝퉁이야.

허걱. 서른이 넘은 여자가 웬만하면 피해야 할 짓 중 하나는 짝퉁 가방 들기 아니었나. 특A급, B급이라며 그 퀄리티를 거론할 필요도 없다. A급이든 B급이든 어차피 가짜니까. 짝퉁을 구입하는 행위에는 불법으로 디자인을 도용한 물건을 구매했다는 찜찜함 플

러스, 오히려 더 명품에 목매는 사람처럼 보이는 안쓰러움까지 내포한다.

하지만 이런 발상은 늘 쪼들리는 생활에 허리띠를 졸라매는 일반 여성들만 갖고 있는 게 아니었다. 몇 해 전에 패션 프로그램을 만들 때 한 스타일리스트를 인터뷰한 적이 있는데 그가 했던 얘기 중 아직까지 잊혀지지 않는 게 있다. "짝퉁도 명품하고 섞어서 하면 티가 안 나요." 패션에 대한 남다른 철학으로 새로운 스타일을 만들어내는 일을 직업으로 하고 있는 그가 브랜드에 얽매여 옷을 입는다니…. 맞은편에 앉아 뜨악하던 내 표정을 분명 그 역시 눈치챘을 거다.

티 나지 않음을 뿌듯해 하며 짝퉁 백을 들 바에는 차라리 비닐봉지를 들고 다니겠다. 나 역시 명품 백이 좋아서 무리해서 몇 갠가 산 적이 있지만 요즘은 형편도 안 되고 해서 대부분 단골 카페에서 공짜로 받은 천 가방을 메고 다닌다. 하지만 그렇다고 사고 싶은 가방이 없을 리 있나. 나의 위시리스트는 지금 이 시간에도 차근차근 추려지고 더해지는 중이다. 언젠가는 꼭 사고 말 거다. 단, 내가 번 돈으로. 짝퉁이 아닌 진짜로. 언젠가 그 돈이 마련되면 엄청나게 꾸미고 명품매장에 가서 당당하게 일시불로 결제할 거다. 어느 정도의 허세와 호기는 명품 쇼핑이 주는 또 하나의 즐거움이니까.

얼마 전 혼자 1박2일로 온천 여행을 다녀왔다. 온천욕을 마치고 옷을 갈아입을 때 내 옆에는 청순한 얼굴에 뽀얀 피부가 빛나는 한

여자 분이 서 있었다. 같은 여자라도 자꾸만 쳐다보게 되던 아름다운 몸매와 얼굴이었지만 잠시 후 그녀가 옷을 갈아입는 모습에 나도 모르게 고개를 돌리고 말았다. 색깔도 따로따로, 소재도 후줄근, 꾀죄죄 내지는 너덜너덜하던 속옷. 나는 마치 짝사랑하는 선배가 코를 후비는 모습을 목격한 여중생처럼, 잠시나마 상처 받은 기분마저 들었다.

그때 영화 〈브리짓 존스의 일기〉의 한 장면이 떠올랐다. 브리짓(르네 젤위거)이 다니엘(휴 그랜트)과 하룻밤을 보낼 때 그녀는 일명 엄마 빤스인 통짜 팬티를 입고 있었다. 민망해 하는 브리짓의 모습에 다니엘은 장난을 치며 귀여워했지만 그건 그녀에게 애정 또는 목적이 있어서였다. 같은 맥락이라면 속옷 따위가 무슨 상관이냐고, 그리고 남자에게 보여주기 위해 속옷을 챙겨 입어야 하냐고 반박할지도 모르겠지만 아무에게도 보여줄 일이 없다는 이유로 그저 겉모습에만 신경 쓰는 것엔 반대다.

마음에 드는 남자를 만나러 가는 날이나 평소와 달리 중요한 일이 있는 날, 비장하게 아껴 뒀던 속옷을 챙겨 입는 사람이 나뿐일까? 빤히 속 들여다보이는 만에 하나의 상황에 대비하는 것 외에도, 잘 챙겨 입은 속옷은 또 다른 자신감을 전해준다. 몸매의 단점을 커버하고, 볼륨은 최대한 강조해준다는 값비싼 언더웨어를 사 입어야 한다는 말이 아니라 내 몸에 맞는 사이즈로, 컬러와 소재를 잘 가려서 챙겨 입은 날은 저절로 산뜻한 기분을 전해준다는 얘기다. 게다가 어디다 보일 일 없다는 단정은 짓지 마시길. 사람 일은 아무도 모르는 거다.

  이건 비단 여자들에게만 해당되는 얘기가 아니다. 남자들이 허리를 굽힐 때나 두 손을 올릴 때, 바지와 티셔츠 사이로 살짝 보이는 속옷이 아저씨들도 안 입을 팬티라면? 아무리 겉모습을 깔끔하게 하고 다니는 사람이라도 그 센스를 다시 한 번 생각하게 된다. 아무 상관없는 남도 그런데, 남자친구는 더 이상 말할 필요도 없겠지.

  다른 건 몰라도 짝퉁 가방과 후줄근한 속옷만큼은 졸업하자. 신경 쓰고 싶어도 여유가 없다고, 쩨쩨하게 그런 것까지 신경 쓰며 살고 싶지 않다고 얘기하지 말자. 의외로 사소한 게 사람의 습관을 만드는 법이다. 그리고 사람은 사소한 것으로 누군가를 기억하거나 판단하기도 한다. 타인의 시선 따윈 상관없다고? 부럽다. 그게 진짜 내가 바라는 삶이다. 하지만 소심한 나는 여전히 타인의 시선을 신경 쓰며 산다. 그리고 그 사소한 것들을 제대로 갖추었을 때 무엇보다 <u>스스로에게 만족감을 느끼며 산다.</u>

화장은 예의다

> 아름다움은 그 사람의 처신과 환경과 깊이 연관되어 있다.
> 그(그녀)가 있는 장소, 입고 있는 옷, 주위의 사물,
> 층계를 내려올 때, 어떤 화장실에서 나오는가에 따라
> 그가 지닌 아름다움이 달라지기도 한다. ―앤디 워홀

"어디 아프세요? 많이 피곤해 보이세요…."

회사에 출근하자마자 후배가 안쓰러운 얼굴을 하고 물었다. 피곤하기야 맨날 피곤한 거고, 그렇다고 딱히 아픈 덴 없는데? 자리에 앉아 머뭇머뭇 거울을 열어보니 좀 아까 화장을 마친 얼굴이 들어 있었다. 평소하고 똑같은데 뭐가 어떻다고 그래, 라고 말하려다 순간 뒷목이 서늘해진다. 이제 나는 아무 일 없는데도 피곤해 보이는 얼굴을 갖게 된 건가? 그런 건가?

아침에 정성껏 화장을 하고 와도 티가 안 나는 건 차라리 괜찮다. 가끔 늦잠을 자서 맨얼굴로 출근하는 날은 그야말로 재앙이다. 어디 아프냐, 몸 안 좋은 건 아니냐, 어제 술을 대체 얼마나 마신 거냐. 반갑지도 않은 오지랖들이 가뜩이나 피곤해 보이는 얼굴을

더 비참하게 만든다. 만사가 귀찮아서 맨얼굴로 다니고 싶어도 사람들이 도시락 싸서 말릴 정도니 이거야 원. 그래서 집에만 콕 처박혀 있을 게 아닌 다음에야 외출과 화장은 따로 떨어뜨려 생각할 수 없는 일이 됐다. 게다가 날이 갈수록 거르면 안 되는 단계가 늘어나 화장을 완성하는 데 드는 시간까지 길어지니 가끔은 화장하기가 귀찮아서 외출을 삼가기도 한다.

가끔 거리를 걷다 보면 마치 1980년대로 시간을 되돌린 듯한 메이크업과 헤어스타일을 한 중년 여성들을 마주한다. 그분들이 젊었을 때는 분명 최신 트렌드였을 그 헤어스타일과 화장법을 볼 때면 사람은 자기가 가장 아름다웠을 때를 기억하고 늘 그 방식대로 자신을 꾸민다는 사실이 증명되는 것 같아 흥미롭다. 하지만 특별한 일이 있을 때마다 잔뜩 신경을 써서 단장한 그 모습이 오히려 촌스럽고 어색해 보이는 이유는 그때의 피부 또는 외모와 다른 현재를 배려하지 않은 꾸밈이기 때문. 나라고 그러지 않으리란 보장이 있나. 몇 년 전과는 달라진 피부결과 탄력, 윤기를 고려하지 않은 메이크업으로 오히려 더 피곤해 보이거나 지나치게 용쓰는 느낌을 풍기고 있는 건 아닌지 신경이 쓰이는 거다.

세월이 지나면 화장법과 화장품도 달라져야 한다. 이십대 때 나의 필수 화장품은 파우더, 립스틱, 아이섀도였지만 몇 년 전부터는 컨실러, 마스카라, 블러셔로 바뀌었다. 가벼움이 중요한 화장에서 교묘히 가리는 화장으로 탈바꿈한 것. 건조해진 피부를 도드라지게 하는 파운데이션이나 파우더는 사용하지 않고 자외선 차단제

나 가벼운 비비크림을 바른 뒤 컨실러로 부쩍 늘어난 잡티나 피부 트러블을 가린다. 점점 흐리멍텅해지는 눈매에 힘을 주기 위해 속눈썹 한 올 한 올에 마스카라를 바르고, 마지막엔 블러셔로 얼굴에 생기를 준다. 아무리 만사가 귀찮은 날이어도 이 세 가지는 거르지 않아야 피곤해 보인다는, 아파 보인다는 말을 덜 듣기 때문이다.

언젠가부터 피하게 된 메이크업도 있는데 바로 펄과 물광 메이크업이다. 탁월한 메이크업 기술이 없는 한 아무렇게나 바른 펄은 윤기와 탄력 없는 피부를 더욱 도드라지게 만들며 조금만 사용해도 화장이 진해 보여 전체적으로 부담스러운 메이크업이 되기 때문이다.

그래서 굵은 입자로 된 펄이 들어간 베이스 제품을 사용하거나, 광대뼈와 콧등에 하이라이터를 바르거나 펄이 든 섀도로 아이 메이크업을 하는 것은 아무리 특별한 날이어도 좀처럼 하지 않는다. 물광 메이크업은 잘 못하면 엄마들이 잘 때 바르는 콜드크림을 갓 바르고 외출한 것처럼 정돈되지 않은 느낌을 주기 때문에 역시 삼가는 화장법 중 하나다.

외출하기 한 시간 전부터 일어나 거울 앞에서 낑낑대다 보면 메이크업은 나를 위해서가 아니라 남을 위해서 하는 것 같다는 서글픈 생각마저 든다. 하지만 그게 현실이고 현실과 적당히 어울려 살아가는 게 또 일상 아닌가. 어느새 자기만족 아닌 예의로 하게 되는 화장인 만큼 내 모습을 보다 자연스럽고 생기 있어 보이게 하는 화장법 정도는 알고 있어야겠다. 무조건 어려 보이기 위한, 유행을 따르는 화장은 오히려 안 예뻐 보일 수 있으니 이십대부터 줄곧 고수하던 메이크업은 졸업하고 새로운 매력을 끄집어낼 수 있는 화장법을 터득해가는 노력이 필요하다. 굳이 그렇게까지 할 필요가 있냐고? 아직 젊어서 그렇다. 충분한 숙면을 취하고 평소보다 열심히 화장을 하고 갔는데도 피곤해 보인다는 말을 듣는 날이 조만간 남의 일이 아니게 될 거라니까요.

다이어트의 진실
혹은 거짓

난 왜 이렇게 되는 일이 하나도 없을까?
난 안다. 내가 너무 뚱뚱해서 그런 거다.
— 헬렌 필딩 〈브리짓 존스의 일기〉

나는 55다. 우리나라 여성의 표준이라는, 66이 편할 때도 많지만 44가 맞을 때도 있다며 안심하는 '55사이즈'. 하지만 약 일 년 전까지만 해도 나는 44였다. 심지어 44사이즈를 입어도 클 때가 있었다. 나는 육 개월도 안 되는 시간에 6킬로그램 증량에 성공한 비운의 주인공이다.

겨우 44에서 55가 된 걸 뭘 그리 호들갑을 떠냐고? 하지만 나로 말할 것 같으면 아무리 폭식을 하고 운동을 게을리해도, 아무리 끼니를 거르고 스트레스를 받아도 일 년에 1~2킬로그램도 체중의 변화가 없는 체질이었다. 굳이 축복이라 한다면 줄곧 마른 몸매였다는 것. 친구들에게는 늘 "같이 먹는데 왜 나만 찌냐?"는 말을 들었고 부모님은 내가 얇은 옷을 입고 집 안을 돌아다닐 때마다 딸의 건강을 걱정하셨다.

하지만 몇 개월 전 나는 인생 최고의 몸무게를 갖게 되었다. 이제는 예전에 사 두고 커서 입지 못하던 옷이 부대낄 정도로 딱 맞는 경험을 하고, 매일 밤 샤워 후엔 목욕탕 거울 저편에서 낯선 여자를 마주한다. 인터넷 다이어트 광고 배너에 등장하는 비포(Before) 몸매의 여자. 날렵함과 가냘픔 대신 둔중함과 후덕함이 가득한, 인간미 넘치는 몸매!

그동안의 식습관 및 생활습관을 돌이켜보니 나는 피해자가 아닌 현행범이었다. 술자리에서는 이러다 혹시 배가 찢어지지는 않을까, 라는 의심이 들 정도로 배 터지게 음식물을 흡입했고 밤 열한 시건 새벽 세 시건 배가 고프면 팔을 걷어붙이고 요리를 했으며 끼니와 끼니 사이, 생각날 때마다 커피믹스를 타 먹었다. 게다가 혼자 살게 된 이후로 음식물 쓰레기가 생기는 게 싫다며 조만간 버릴 가능성이 있는 음식은 무조건 내 위로 들이부었다. 써놓고 보니 나는 조만간 66사이즈로 거듭난다 해도 할 말 없는 사람이구먼.

살을 빼면 안 되는 이유가 있거나 살을 찌우고 싶어도 찌지 않는 사람을 제외하고 다이어트를 시도해보지 않은 여자는 없을 거다. 비만인 사람이 체중조절을 하는 건 그렇다 치고 누가 봐도 비린내 나는 몸매를 한 사람도 살쪘다며 투덜거리는 모습을 자주 본다. 예쁜 얼굴보다 더욱 베이식한 옵션으로 인식되는 마른 몸매. 대체 언제부터 여자들은 마른 몸매를 당연하다고 생각하게 되었을까.

'그리스 신화'의 아름다움과 사랑, '풍요'의 상징인 비너스만 보더라도 요즘 기준으로는 뚱뚱한 몸을 하고 있다. 보티첼리의 명화 '비너스의 탄생'의 비너스는 77사이즈쯤, 밀로의 조각 '비너스' 역시 아무리 너그럽게 봐도 66 반 정도는 되어 보이니까. 대부분의 여자는 두 작품이 좋은 건 알겠는데 몸매가 부럽진 않다고 생각할 거다. 서양의 팝스타들을 보면서도 마찬가지. 제니퍼 로페즈의 엉덩이와 비욘세의 허벅지가 섹시한 건 알겠는데 내가 갖긴 부담스럽지 않나? 흔히 꿀벅지라고 하는 가수 이효리나 유이의 허벅지는 실제로 보면 내 종아리만할 게 틀림없다. 물론 얼굴은 내 주먹만할 테지, 흥.

  '무조건 말라야 한다. 말라야 예쁘고, 말라야 옷도 입을 수 있고, 말라야 인기 있다'라는 도무지 맥락이라곤 없는 논리가 수많은 여성에게 진리가 되고 있음이 씁쓸하지만 나 역시 지난 세월 내내 이 생각으로 살았음을 인정한다. 지인들의 "제발 살 좀 쪄라"라는 잔소리를 지겨워하면서도 속으로는 안도했으며 옷가게 점원에게서 "손님은 너무 마르셔서…"라는 말을 못 들으면 어쩐지 억울했고 아무리 밤늦도록 폭식을 해도 다음 날이면 홀쭉해지는 내 배가 자랑스러웠다.

  하지만 나는 오히려 살이 찌고 나서 '얼굴이 좋아졌다'는 소리를 듣는다. 유난히 살이 없는 얼굴에, 살이 찌면 배부터 찌고 살이 빠지면 얼굴 먼저 빠지는 박복한 체형을 가진 사람이기에 지인들은 이제야 사람 얼굴 같아졌다며 반가워한다. 결국 내가 그리도 유지하려 애썼던 마른 몸은 나에게 어울리는 게 아니었던 것. 여기서 발견되는 다이어트의 숨겨진 진실은 '살 뺀다고 다 예쁘냐?'다.

얼마 전부터 술도 끊고 음식도 조절하며 다이어트에 열심인 지인이 있다. 철저히 계산된 식단을 지키고 운동도 거르지 않으며 독하게 체중 감량에 힘쓰고 있지만 이상하게 얼굴은 점점 안 예뻐졌다. 나와 비슷하게, 얼굴의 골격이 큰 대신 유난히 살이 없어서 다이어트가 순조롭게 진행될수록 점점 얼굴만 뾰족해졌다.

며칠 전, 오랜만에 만난 그녀가 뽀글뽀글 파마머리를 풀어 헤치고 나를 향해 걸어오던 모습은 마치 비닐 포장을 벗기다 만 추파춥스 같았다. 그 핼쑥한 얼굴을 마주하고 의지가 참 대단하다는 칭찬을 하면서도 그녀의 빗물이 고일 것 같은 쇄골과 평평한 배가 손톱만큼도 부럽지 않았다. 44가 된 지금의 모습보다 55 반이었던 예전이 훨씬 매력적이었으니까.

비록 배에 손잡이 같은 군살을 갖게 되었고, 예전에 입던 원피스를 꺼내 입다 지퍼가 안 올라간다며 내팽개치곤 하지만 나는 다이어트를 하지 않을 거다. 말 한마디 시키면 얻어맞을 것처럼 날카로워 보이던 얼굴로 다시는 돌아가고 싶지 않으며, 어떤 옷을 입어도 쑥쑥 들어가던 앙상함은 건강에도 좋지 않음은 물론, 타인에게도 묘하게 불편함을 주는 이미지였다는 걸 깨달았기 때문이다.

연예인이나 패션모델을 꿈꾸는 사람 아니면 건강개선이나 치료를 위한 체중조절이 아닌 다음에야 '지금의 이 몸매' 때문에 원하는 것들을 이루지 못할 사람이 얼마나 있을까. 먹는 즐거움을 담보로 얻어낸 44 사이즈의 옷이 얼마나 큰 행복을 안겨줄 수 있을까. 단, 그렇다고 해서 매일같이 폭식을 이어가자는 얘기는 아니다. 자기 관리와는 담 쌓은 것처럼 보이는 후덕한 몸매는 건강과 아름다움을 위해서도 피해야 한다. 몇 달 전, 내가 그랬듯 음식이 앞에 있으니 나는 먹는다, 는 식의 와구와구 라이프는 분명 청산할 필요가 있다.

하지만 다이어트를 시도하기 전 생각해보자. 반드시 살을 빼지 않으면 안 되는 이유가 나에게 존재하는지, 과연 내가 '마른 몸매' 말고는 아무런 매력도 없는 사람인지, 그리고 무엇보다 내가 지금보다 마르면 더 예뻐질 사람인지. 마른 몸매를 원하는 대부분의 사람들에게 똑같이 마른 몸이 어울리는 건 아니며, 마르지 않았다는 것이 곧 뚱뚱하다는 뜻도 아니다.

나는 꼭 살을 빼야 하는 사람일까?
마른 몸매 말고 다른 매력은 없는 사람일까?

얼마 전 한 개그프로그램에서 뚱뚱과 통통의 차이점에 대해 이야기했다. 앉았을 때 배가 접히면 통통. 서 있어도 배가 접히면 뚱뚱. 뭐 이런 정답이 다 있냐는 생각에 나는 서 있어도 배가 접히는 것만큼은 막아보고자 몇 개월 전부터 커피믹스를 끊었다. 야밤의 요리를 중단했으며 술도 거의 마시지 않는다. 그게 내가 할 수 있는 최소한의 노력, 마르기 위한 다이어트가 아닌 건강을 위한 체중 조절이다.

온 국민이 다이어트를 하거나 계획하는 시대이지만 과연 내가 그 모두 안에 들어갈 필요는 없다. 자신의 체형과 매력을 무시하고 무조건 앙상해지려고 아등바등하다가 결국은 추파춥스 되니까. 예쁜 옷 입은 해골 되니까.

입을 옷이 없어!

우리의 이성적 뇌는 은퇴 후를 생각해 저축하라고 하지만,
감성적 뇌는 신용카드 한도액까지 써대길 바란다.
– 데이비드 램슨(하버드대 경제학 교수)

　새로운 계절이 돌아올 때마다 나는 세상에서 제일 가난한 옷장을 가진 사람이 된다. 작년에는 분명 마음에 들어서 산 옷일 텐데 이렇게 후줄근할 수가 없고 서랍엔 입지도 버리지도 못할 옷들로 꽉 차 있다. 이러다 이번 계절은 놀러도 못 가고, 연애도 못하고, 출퇴근도 제대로 못하겠다는 생각마저 든다. 왜 나는 늘 옷을 사는데도 늘 입을 옷이 없을까.
　어느새 스타일은 한 사람의 매력을 평가하는 중요한 요소로 자리 잡았다. 사람들의 옷차림은 점점 화려해지고 대담해지며 그 발군의 패션 센스는 연예인과 일반인의 경계를 너끈히 허물어뜨렸다. 아름다운 외모를 가진 사람은 그런 사람대로, 외모에 그다지 자신이 없는 사람은 그런 사람대로 스타일이라는 강력한 매력을

보유하기 위해 오늘도 쇼핑을 하고, 스타들의 파파라치 사진을 염탐하며 패션 프로그램이나 매거진에 몰입한다.

하지만 문제는 돈이다. 흰 티셔츠에 청바지만 걸쳐도 멋들어진 사람들이 입은 그 티셔츠와 바지는 한 벌에 월급의 3분의 1 정도는 되고, 시즌마다 대방출되는 누가 든 가방은 기본 가격이 내 월급에서부터 시작하지 않는가. 멋지게 입고 싶지만 돈이 없고 짐짐하게 하고 다니자니 어쩐지 눌리는 기분이 드는 이 답답한 현실!

그러던 어느 날. 옷장 앞에서 입을 옷이 없다고 투덜거린 지 삼백오십칠만 번쯤 되던 날, 대체 그동안 난 무슨 옷을 그리도 열심히 사 왔는지를 따져봤다. 사계절 옷이 제멋대로 섞여 있는 옷장을 한참 들여다보니 답이 나왔다. 옷은 많았지만 제대로 입을 옷은 없었다. 그러니까, 멍청한 쇼핑을 해 왔다는 얘기다.

예쁘지도 않고, 멋있지도 않고, 그렇다고 독특하지도 않은 스타일을 위해 그동안 왜 그리 많은 시간과 정열과 금전을 투자했는지 따져보니 그 기저에는 내가 가진 매력이 별로 없다는 자괴감이 깔려 있었다. 나는 얼굴도 안 예쁘고, 몸매도 안 좋고, 피부도 별로인 등 선천적으로 받은 은혜라고는 없으니 후천적으로라도 용을 써봐야겠다는 다짐이 그 시작이었고 그게 바로 스타일이라 생각했다. 그래서 이 옷 저 옷 입어가며 마치 출퇴근길을 런웨이 삼아, 친목 모임을 스타일 프레젠테이션이라 여기며 살아온 결과는 수습 불가능한 옷장의 주인이 된 것. 매일매일 다른 옷을 입는 맛에 부지런히 사들인 옷들은 한 해가 지나면 촌스러워 보였고 한두 번 세탁하면 후줄근해졌고 몇 달 지나면 샀는지도 까먹을 정도로 존재감이 없었다.

오랜 시간 패션계에서 인정받으며 일하는 스타일리스트, 모델, 디자이너들을 만날 때마다 듣는 얘기가 있다. 바로 '베이식 아이템에 투자하라'는 것. 재킷, 화이트 셔츠, 청바지, 블랙 슬랙스, 미니 드레스 등 유행에 상관없이 두고두고 입을 수 있는 옷만큼은 조금 무리를 하더라도 퀄리티 높은 제품으로 구매하라는 조언이었다. 그리고 옷을 살 때는 무조건 입어보라고 했다. 내 몸에 딱 맞는 재킷과 청바지, 대충 세탁해 입어도 몸의 곡선에 따라 멋스러움을 잡아주는 셔츠는 인터넷창 너머 몇 번의 클릭을 통해 구입하긴 어렵다고. 그렇게 입어보고 만져보고 산 옷은 오 년, 십 년이 지나도 여전히 즐겨 입는 아이템이 될 거라고 했다.

하긴, 그러고 보면 그렇게 매 계절마다 많은 옷을 사들이고도 매해 즐겨 입는 옷은 정해져 있다. 몇 번씩 만져보고 입어보고 가격이 너무 비싸 망설임 끝에 구입했던 블랙 재킷, 일 년에 꼬박 스무 번 이상은 입을 일이 생기는 화이트 셔츠, 굽 높은 구두에도 운동화에도 입을 수 있는 청바지, 별다른 장식 없는 카키색 점퍼…. 언뜻 보면 아무런 특징 없는 이 옷들로 나를 기억하는 사람도 있었고 몇 번이나 "어디서 샀냐?"는 말을 들었다. 뭐든지 버리기 좋아하는 나임에도 결코 버리지 못하는 옷들이기도 했다. 그러고 보면 입을 옷이 없다는 의문은 나의 쇼핑 습관에서 나오는 것일지도 모른다. 그동안 너무 유행만 좇아 쇼핑해 왔으며, 나에게 진짜 어울

현명한 쇼핑을 위한 첫걸음은
내가 반복하는 실수를 알아채는 일.

리는 스타일을 아직 발견하지 못한 것.

 한 벌만 더 걸면 장렬하게 폭발할 것 같은 옷장 앞에 서서 다짐했다. 비싸더라도 두고두고 입을 수 있는 옷을 사자. 열 벌 살 돈으로 제대로 된 한 벌을 사자. 그렇지 않은 옷을 찔끔찔끔 사들여봤자 그 다음 해엔 헌옷수거함으로 들어갈 거 아냐! 자, 그렇다면 두고두고 입을 수 있는 옷을 사기 위해 서둘러 백화점으로 나가볼까. 깨달은 건 까먹기 전에 꼭 실천해야 하는 법이니까. 급하게 신발을 챙겨 신고 외출 준비를 했다.

근성 있는 여자

누군가를, 무언가를 갈망한다는 것, 그것이 젊음이다.
— 유미리 〈여학생의 친구〉

일본 영화 〈한큐전차 편도 15분의 기적〉을 보면 마음에 쏙 드는 여자 주인공이 나온다. 삼 년간 사귀어 온 약혼자를 회사 후배에게 빼앗긴 서른두 살의 회사원 다카세 쇼코(나카타니 미키 역)는 둘 사이에서 빠져주는 대신 둘의 결혼식에 초대해 달라는 조건을 내건다. 며칠 후 결혼식에 참석한 그녀의 모습에 하객은 물론 신랑신부 모두 크게 당황한다. 예정대로라면 자신이 입어야 했을 화려한 웨딩드레스 차림으로 참석했기 때문. 처음엔 당당한 표정으로 하객석을 지키던 그녀였지만 결국 주위의 시선을 견디지 못한 채 결혼식장을 빠져나오고, 생전 처음 본 지하철 옆자리 할머니에게 눈물을 흘리며 말한다. "나중에 결혼식을 떠올릴 때마다 예뻤던 내 모습을 떠올리며 후회하길 바랐어요."

그 장면을 보면서 나 역시 가슴이 아리면서도 한편으로는 후련했다. 이 얼마나 대단한 근성인가. 과연 그런 용기가 나에게도 존재하는지 떠올리고는 그저 입맛만 다셨다. 만약 내가 그녀의 입장이었다면? 일단은 망가지는 내 이미지와 타인의 시선을 계속 떠올릴 거고, 그렇게 이상한 사람이 되는 한 평생 미워하며 사는 편이 나을 거라고 단념했을 것이 틀림없다. 가끔 두 손을 모아 "제발 이혼하게 해주세요. 하루빨리 그 가정이 파탄 나게 해주세요"라는 기도나 하겠지.

근성이란
전속력으로 질주하는 패기.
끝까지 지켜내는 끈기.
깨끗이 포기하는 용기.

그러고 보면 나한테 근성이라는 게 남아 있기는 한지. 언제부터인가 치열하게 산다, 열심히 한다는 말에 격하게 경기를 일으키고 '아, 되는 대로 살래'라며 탄력 없는 하루하루를 보내고 있으니 말이다. 요즘엔 누군가를 만나 식사 메뉴를 정할 때조차 입버릇처럼 "아무 거나 먹자"고 말하지 않나. 이리저리 돌아다니는 게 귀찮아서이기도 하지만 실제로 딱히 먹고 싶은 게 없었다. 식욕이 살아 있는 인간은 삶에 대한 의욕 역시 살아 있다는 얘기를 들은 적이 있는데, 그럼 나는 살고 싶다는 욕구도 점점 줄어들고 있는 건가!

여전히 하고 싶은 게 많다는 지인들을 볼 때마다 아직 젊다, 며 입을 삐쭉대면서도 마음 한구석에서는 부럽다. 무언가에 욕심을 내고 갖지 못해 안달하는 그 모습에는 내가 잊은 지 오래된 '근성'이 남아 있기 때문이다. 경험이 쌓이고 아는 게 늘었다고 미리부터 포기하거나 타협하는 게 아니라 '무조건 된다!'는 생각으로 부딪혀 보겠다며 몸을 날리는 모습엔 사람을 움찔하게 만드는 젊음과 열정이 있으니까.

얼마 전 다방면에서 활기차게 활동하는 인디 아티스트를 만날 기회가 있었다. 그런데 이런저런 이야기를 나누는 내내 마음이 편치 않았다. 자신의 일에 대해 쉼표도 없이 얘기하고, 앞으로 펼칠 예술 활동에 대해 줄곧 확신에 찬 어조를 잃지 않던 모습을 보고 왠지 가슴이 답답해졌다. 하지만 그러면서도 이어진 생각은 나도 이런 시절이 있었는데, 라는 회상. 비록 그는 타인을 배려하는 여유는 부족했지만 자신이 사랑하는 무언가에 대한 열정과 근성만큼은 확실한 사람이었다. 자신의 패기가 남에게 어떻게 비춰질지 되돌아볼 줄 모를 정도로 무언가에 빠져 있던 모습이 새삼 신선하게 느껴졌다.

    나도 잃어버린 근성을 되찾고 싶다. 간절히 원하는 무언가가 있다면 주위의 시선 따위, 망가질 이미지 따위 생각하지 않고 전속력으로 질주하는 사람이 되고 싶다. 그렇게 했는데도 내 손에 쥐어지지 않았다면 깨끗이 포기할 줄 아는 용기, 그리도 애를 써서 내 것이 되었다면 끝까지 지켜내는 끈기를 갖고 싶다. 남에게 스토커니, 돌아이니, 멘탈 붕괴니 하는 소리를 들을지언정 나의 간절함만큼은 관철하며 살고 싶다는 건 그저 위험한 바람일까. 타인을 배려하고 분위기를 살피는 여유를 갖는 대신 내 것을 끝까지 지켜 나가던 그 고집이 다시금 그리워진다. 웨딩드레스 차림으로 전 애인의 결혼식을 습격한 쇼코처럼.

굿바이 정크푸드

'당신이 먹는 것이 당신이다'라는 말을 자주 들어보았을 것이다.
'먹는 음식의 질이 몸의 질을 바꾼다'는 얘기다.
— 알레한드로 융거 〈클린〉

'혼자 사는 여자'를 구성하는 세 가지 요소가 있다면 '밥, 집, 외로움'이 아닐까. 그중에서도 개인적으로 가장 신경 쓰는 것은 밥이다. 스스로 적극적으로 해결할 수 있으며, 큰 노력 없이도 금방 행복하다는 기분을 맛보게 해주는 고마운 존재니까. 혼자 살든, 같이 살든 인간의 모든 움직임은 다 '먹고 살려고' 하는 거니까.

독립을 결정하고 나서 엄마가 줄기차게 하신 말씀은 혼자 살아보겠다며 집을 나간 친구의 딸내미는 매일같이 라면을 먹어 육 개월 만에 몸이 두 배가 돼서 나타났으며, 또 다른 친구의 아들은 영양 불균형으로 건강에 이상이 오는 바람에 서둘러 부모님 댁으로 컴백했다는 얘기였다. 어쩐지 의도가 빤히 보이는 그 일화들을 한 귀로 흘려들으면서도 혼자 산다는 것은 부모와 떨어지는 일인 동시에 5대 영양소에 기초한 집밥을 못 먹게 되는 것이라는 사실을 어렴풋이 깨달았다.

평소부터 규칙적인 식생활과는 거리가 멀었다. 아침은 건너뛰었고, 점심은 아무거나 먹었고 그 탓에 대부분의 저녁엔 폭식을 했다. 하지만 혼자 살면서부터는 그러면 안 될 것 같았다. 얼굴이 헬쑥해져도 '아무거나 먹고 다니는 거 아니니?'라며 챙겨주는 사람 하나 없으니 나라도 자신을 챙겨야겠다는 결심이 든 거다. 나만의 식습관을 정해서 지키자는 다짐 중 하나는 배달 음식과 정크푸드를 집 안에 들이지 않는 거였다. 짜장면을 비롯한 중국 음식, 치맥, 피자, 보쌈과 족발 등 배가 고프면 무심코 시키게 되는 배달 음식들과 햄버거, 라면, 마트에서 파는 조리된 음식은 물론 인스턴트 음식까지 모조리 사지도, 먹지도 않기로 했다. 언뜻 불가능해 보였던 그 다짐은 놀랍게도 지금까지 잘 지켜지고 있다. 그건 모든 음식을 집에서 해 먹어야 가능한 얘기였다.

아침에 일어나자마자 쌀을 씻어 안치고 국을 끓인다. 반찬은 금방 만들 수 있는 두 가지 정도면 충분하다. 낫토와 미리 만들어 둔 피클을 기본으로 부추겉절이나 샐러드, 달걀을 이용한 음식을 후다닥 만들어 먹는다. 만약 아침에 일어나자마자 부랴부랴 출근해야 할 곳이 있다면 쉽지 않았겠지만 대부분의 시간을 집에서 일하거나 출근을 하더라도 출근 시간이 늦는 사람으로서의 편의를 활용하는 일은 건강을 위해서도 엥겔지수를 위해서도 바람직했다.

평소 먹는 일을 무엇보다 중요하게 생각했기에 수입의 과반수 이상을 먹는 일에 쏟아붓곤 했다. 적게 먹더라도 늘 맛있게 먹고 싶어서 비싼 음식도 거리낌 없이 사 먹다 보니 열심히 일을 했는데도 모인 돈은 없는, 그렇다고 뭔가 산 물건이 남지도 않아 가뿐하게 몸만 달랑 남은 상태가 되어버렸다. 부모님과 함께 사느라 충분히 집밥을 먹을 수 있는 상황이었음에도 바쁘다, 귀찮다는 핑계로 아침은 건너뛰고, 점심은 대충 먹고 저녁에 몰아서 폭식하는 생활을 수십 년간 지속해 온 결과 늘 위염과 장염을 달고 살았다.

하지만 직접 만든 음식으로 끼니를 해결한 지 두 달 만에 체중이 3킬로그램 정도 늘었다. 뚱뚱해져서가 아니라 건강해져서. 천연 재료로만 맛을 낸 음식으로 하루 두세 끼를 규칙적으로 챙겨 먹었더니 위염과 장염은 물론 만성 소화불량과 변비도 사라졌으며 피부에 희미하게 윤기도 생겨났다. 그러는 사이 웬일인지 매번 획 하고 머리를 스치는 '○○가 너무 먹고 싶다!'는 욕망도 사그라져서 밖에서 음식을 사 먹는 일도 줄었다.

음식에 까다롭지 않고 요리에 흥미가 없는 사람일수록 혼자 사는 것과 동시에 건강을 해치기 쉽다. 하지만 만사가 귀찮아서 배달 음식을 시키고 인스턴트 음식으로 끼니를 때우는 '아무거나 주워 먹는' 식생활은 건강은 물론 몸매, 피부와 머릿결까지 망가뜨린다. 요란스럽게 유기농 웰빙 라이프를 실천하며 살기엔 너무 바쁜 일상이긴 해도, 귀찮다고 아무거나 먹는 일은 서서히 줄여가야 하지 않을까. 더 이상 철을 씹어 먹어도 소화가 되는 이십대가 아니라는 신체적 불리함, 돈을 벌면서도 이상하게 매번 쪼들리는 가정 경제

를 위해서라도 카드 명세서의 대부분을 차지하는 레스토랑 이름을 줄일 필요가 있다.

하지만 이러한 노력에도 불구하고 유일하게 나의 식생활을 걱정하는 사람이 있다. 바로 엄마. 독립 이후 6킬로그램 증량에 성공(!)했음에도 집에 갈 때마다 엄마는 "얘가 비쩍 말라서 왔네" 하시며 국그릇에 고봉밥을 담아주신다. "이걸 어떻게 다 먹어!"라는 푸념이 무색하게 머슴처럼 밥을 퍼먹게 되는 건 왜일까. 예전엔 싱거워서 손이 영 안 가던 엄마의 김칫국도, 심심하게 무친 가지나물도 이제는 입에 딱 맞으니 그저 신기하다. 그러는 동안 어느새 텅 빈 밥그릇. 다 못 먹겠다고 난리친 게 민망해서 옷 속에 그릇을 숨기듯 들고 싱크대로 간다.

"엄마, 설거지는 내가 할게!"

이래서 집밥, 집밥 하나 보다. 난 그동안 우리 엄마가 요리 못하시는 줄 알았다.

장례식에 대처하는
우리의 자세

나이는 먹는 게 아니다. 쌓이는 거다.
— 오시미 야스노리(개그맨)

며칠 전 오랜 지병을 앓고 계시던 후배 어머니가 돌아가셨다. 지인들 여럿이 모여서 장례식장을 찾아갔는데 함께 간 친구 두 명이 출입문 앞에 서서 쭈뼛거렸다. 왜 그러느냐고 물었더니 어색한 표정을 지으며 그랬다.

"근데 들어가서 어떻게 하는 거야?"

몇 년 전 나도 지인의 장례식에 가기 전, 아빠에게 비슷한 질문을 했었다. 아빠는 먼저 들어가서 향에 불을 붙이고 꽂은 다음, 절을 두 번 하고 고개를 잠시 숙이라고, 옆에 서 있는 상주들에게는 절을 한 번 하거나 깊게 고개를 숙여 인사를 하라고 하셨다. 기독교식 장례라면 향 대신 국화꽃을 영정 사진 앞에 한 송이 올리고 짧게 기도를 하거나 묵례를 하라고. 그렇게 자세한 설명을 듣고도 장례식에 들어가자마자 다 까먹고 옆에 서 있던 선배를 내내 힐끔 거리며 따라 하기 바빴다. 그러면서도 속으로 엄청나게 창피했다. 뭐냐 나. 이런 건 절대 들키면 안 되겠구먼.

장례식, 결혼식, 돌잔치나 칠순잔치 등 크게 내키지 않더라도 꼭 가야 하는 관혼상제는 점점 늘어간다. '주변 경조사에 빠지지 않는 사람 = 사회생활 잘하는 사람'이라는 이미지도 있지만 참석하는 것만큼이나 중요한 것이 얼마나 제대로 대처하느냐다. 그저 축하하는 자리라면 하하호호 웃다 오면 그만이지만 장례식은 얘기가 다르다. 검은 옷이면 된다며 지나치게 캐주얼한 복장이나 짧은 스커트를 입거나 모자를 쓰는 등 옷차림으로 예의를 지키지 못하는 사람도 있고, 가족들에게 간단한 인사도 건네지 못하고 쭈뼛거리다 밥과 육개장을 흡입하고 서둘러 자리를 뜨는 사람도 있다.

아직도 장례식에 갈 때마다 떠오르는 풍경이 있다. 십여 년 전, 친구들 중 처음으로 부모님 상을 당한 친구가 있어서 나 역시 상주의 지인으로 처음으로 장례식에 참석했다. 그나마 있는 검은 옷을 챙겨 입고 달려가긴 했지만 뭘 어떻게 해야 하는지 알 수가 없었다. 분명 가장 당황스럽고 상심했을 사람은 친구일 텐데도 그 자리에서 내가 제일 어쩔 줄 모르고 앉아 있었던 기억이 난다. 어떻게 돌아가시게 된 거냐는 질문도, 그래도 몸 좀 잘 추스르라는 말도 못하고 눈물을 뚝뚝 떨어뜨리는 친구의 얼굴만 멍하니 바라보다 밥 먹고 가라는 말도 못 들은 척 서둘러 자리를 떴다.

그때는 그거면 충분했다고 생각했지만 그 이후 장례식에 갈 일이 늘어날 때마다 내가 얼마나 경우 없이 굴었는지를 알았다. 텅 빈 빈소에는 내키지 않더라도 자리를 채우고 앉아 있어야 하고, 아무리 배가 불러도 음식은 먹어야 하며, 상투적일 뿐이라도 어떻게 돌아가셨는지, 얼마나 힘든지 위로의 말을 건네야 한다는 것을 알지 못했다. 그저 어색함을 참지 못하고 그 자리를 피하기에만 급급했다.

어색한 상황을 잘 견뎌내고, 순발력 있게 대처하는 사람일수록 진짜 철 든 사람이라는 생각이 든다. 자기가 있는 곳에서 최선의 행동이 무엇인지 알고, 그것을 실천으로 옮기는 사람. 언제 어디서든 사람의 진심은 통하는 법이라는 인생론을 늘어놓는 것이 아니라 진심을 몸으로 보여주는 사람 말이다. 성인이라면 적어도 장례식장에서만큼은 그래도 마음만큼은 알아줄 거야, 라며 아이처럼 구는 일은 하지 말아야겠다. 상심한 사람의 손을 잡으며 위로의 말을 건네고, 텅 빈 빈소에 앉아 자리를 지키고, 만약 일손이 부족하다면 팔을 걷어붙이고 돕는 일. 그게 예의고 위로니까. 그리고 언제 생길지 모르는 그 자리를 대비하는 마음으로 장례식용 상복 한 벌쯤은 마련해 두는 것도 필요하다.

만약 당장 오늘 밤 장례식에 갈 일이 생긴다면 나는 얼마나 그 자리에 걸맞는 행동을 할 수 있을지, 챙겨 입고 갈 적당한 옷은 옷장에 걸려 있는지 떠올려보자. 만약 나보다 어린 사람이 "근데, 어떻게 하면 돼요?"라고 물었을 때 과연 설명해줄 수 있는 사람인지도. 만약 여전히 어떻게 해야 하는지, 뭘 입고 가야 할지 모르겠다면 미리 검색이라도, 질문이라도 하는 순발력을 발휘하자.

앞으로는 결혼식보다 장례식에 갈 일이 더 많아질 거다. 하지만 아무런 사전 준비 없이 우리 부모님이 그러했듯, 어느새 자연스럽게 장례식에 대처할 수 있는 건 아니다. 모르는 건 물어보면 된다. 그리고 기억하고 알아가면 된다.

되면 한다, 에서
하면 될 거야, 로

어느 날 문득
내가 가진 것 중 단 하나만 남고 모조리 사라진다면
내가 끝까지 놓지 않을 그 '하나'는 뭘까?
연애, 가족, 일, 재산, 건강, 친구…
내 인생에서 가장 중요하다고 여기는 그 하나는
어쩌면 내가 늘 욕심을 부리고 마는 것.
놓치기 싫다는 욕심에
실수를 하고, 상처를 주고, 마음을 다치며
결국 나를 가장 약하게 만들고 마는 것.

그렇다면 정말 소중한 것과는
조금 거리를 둘 필요가 있지 않을까.
가장 좋아하기 때문에 조금 먼 곳에서 다시 바라보는 것.
그러니까,

이 말도 꼭 틀린 말은 아니라는 얘기.

아니야. 아무리 그래도 저 말은 아닌 것 같아…

너무 사랑해서 떠나는 거야. - 전국 수백만 나쁜 남자 왈

나도 모르는 내 버릇

물탄개과(勿憚改過) : 잘못을 고치기에 우물쭈물하지 마라.
-공자 〈논어〉

사람마다 술버릇이 다르겠지만 나는 취하면 몹시 기분이 좋아지는 타입이다. 평소엔 조용조용 얘기하는 자리를 좋아하지만 술자리에서만큼은 진지한 얘기나 신세 한탄이 이어지는 분위기를 참지 못한다. 소심해서 버럭은 못하고 내내 따분해 하거나 졸거나 때로는 사람들을 마구 불러들여 가라앉은 분위기를 전환하려 애쓴다. 이 모든 게 불가능한 자리에서는 계속 혼자 술만 마시다가 나 먼저 갈게요, 라며 쭈뼛쭈뼛 그 자리를 뜬다.

그 다음 날 어김없이 듣는 말은 "너 안 되겠더라"다. 고민을 털어놓는 사람에게 그런 얘기는 적당히 하라며 귓등으로 듣고, 서로 안면도 없는 사람을 불러들여 어색한 분위기를 만들고, 그러다 혼자 들떠서 집에 휙 가버리는 나에게 지인들은 '배려 없음'이라는 죄목을 붙였다. 처음엔, '맨날 그러는 것도 아니고 그럴 수도 있지!' 또는 '그러기에 누가 술자리에서 계속 칙칙한 얘기하래?'라며 마음 상해 했지만 언젠가부터는 일단 사과부터 했다.

굳이 나의 아름답지 못한 습성까지 까발리며 이야기를 시작한 이유는 따로 있다. 세월이 흐를수록 사람에겐 자신도 알아채지 못하는 새로운 버릇이 생겨난다는 것. 게다가 의외로 그게 남들이 눈살 찌푸리는 버릇일 가능성이 높다는 거다. 나의 사고방식으로는 아무 문제없는 행동에 지인들의 기분이 상한다는 것에 억울함도 들겠지만 여기서의 포인트는 '나의 사고방식'이 아니라 '기분을 상하게 했다'는 행위에 있다. 남들에게 내 사고의 흐름 따윈 알 바 아니고 매번 눈살을 찌푸리게 하는 행동 자체를 더 보고 싶지 않을 뿐이다.

개념과 기준이라는 말은 얼마나 모호한가. 백 명의 사람이 모이면 각기 다른 백 개 이상의 개념과 기준이 생겨나는 만큼 "내 기준에서는 말이야" 또는 "그건 개념 없는 짓이지"라는 말 자체가 어불성설이다. 하지만 해가 갈수록 그 말을 더 자주 입에 올리게 되는 이유는, 내 개념과 기준이 곧 세상의 개념과 기준이라는 낯 뜨거운 생각을 점점 더 자주, 아무렇지 않게 하게 되기 때문은 아닐까. 그러는 사이 누군가에게 지적 받는 일은 점점 불쾌한 일이 되어간다. 별것도 아닌데 그냥 좀 넘어가면 안 되나? 우리 사이가 고작 이 정도였냐? 그건 네 생각이지! 하는 짜증과 원망과 분노가 동시에 일어나는 것.

하지만 그렇다고 마냥 귀를 닫고 사는 건 스무드한 인간관계를 망치는 가장 빠른 지름길이다. 주변에서 하는 모든 말을 듣고 내 중심까지 흔들어가며 살 필요는 없지만 세상과의 관계에서 보다 지혜롭게 대처하는 일은 필요했다. 그런 이유로 나는 세 번 이상 지적 받은 행동, 세 번 이상 후회한 적 있는 버릇은 고치기로 했다.

어찌된 일인지 내가 하는 못난 짓들은 매번 인간관계로까지 확장된다. 나를 좋아하는 사람이라면 분명 이해해줄 거라는 말은 듣기 좋으라고 하는 말일 뿐, 세상에 내가 무슨 짓을 해도 품어주는 사람은 부모님밖엔 없었다. 방금 전까지 평생 사랑을 약속한 연인도 십 분 후엔 등 돌릴 수 있으며 뜨거운 우정을 자랑했던 친구와는 돈 몇 십만 원에 원수가 되기도 한다. 또 다른 예를 굳이 들지 않아도 하루에도 몇 번씩 우리는 나와 다른 수많은 개념과 기준과 충돌하며 산다. 그렇다고 그럴 때마다 계속 쌍심지를 켜거나 마음을 다칠 순 없지 않나.

앞서 말했던 술자리 다음 날의 일이 다섯 번 정도 반복되는 것을 경험하면서 술을 끊든지 사람을 끊든지 해야겠다고 결심했다. 하지만 하나를 선택하는 건 영 자신이 없어서 그냥 그 둘을 다 줄이기로 했다. 그래서 나는 더 이상 술을 취하도록 마시지도 않으며 술자리에 자주 가지도 않는다. 더러워서 술 못 먹겠어서. 새로 생긴 그 나쁜 버릇이 더는 반복되어서는 안 될 것 같아서. 덕분에 내 요상한 술버릇은 무난히 고쳐지고 있는 중이다. 당분간 새로운 버릇이 또 출몰하지 않는 한, 이 세상이라는 정글에서 나는 멀쩡하게 살아갈 자신이 있다!

　이 사회에서 섬이 되지 않고 살아가기 위해 나도 모르는 내 버릇을 얼른 발견하고 개선해 나가는 노력이 필요하다. 그리고 타인들의 충고를 그저 기분 나쁜 말로만 듣지 않는 여유도 가져야겠다. 모든 말이 나에게 피가 되고 살이 되지는 않지만 적어도 몰랐던 깨달음을 주는 건 사실이니까. 나도 모르는 사이 어느새 이상한 사람이 되어가는 서늘함을 극복하기 위해서라도 남의 충고를 마냥 무시할 순 없다. 그도 싫다면 그 버릇조차 포근히 감싸줄 수 있는 또 다른 지인들을 만들거나.

　요즘, 눈에 띄게 두문불출하고 있는 나에게 지인들은 무슨 일 있냐고 걱정한다. 그리고 그들은 요즘 나 없이 짐짐한 술자리를 갖고 있다는 소문이 속속 들려온다. 그래, 심심할 거야? 하지만 난 이제 새사람이 되었는걸! 미안하다. 그리고 쌤통이다.

어느새 달라진 나를 돌아보고
스무드한 인간관계를 위한 노력,
나도 모르는 내 버릇 고치기.

TV, 안 보고도 살아져요

텔레비전이 비난받아 마땅한 이유는 수십 가지도 넘게 열거할 수 있다.
그런데 왜 누구나 '바보상자'라고 생각하는 텔레비전을
버리지 못하는 것일까?
―노명우 〈텔레비전, 또 하나의 가족〉

우리 집엔 TV가 없다. 문제가 있다면 내가 방송작가라는 것, TV로 먹고살고 있음에도 TV 보는 일을 즐기지 않는다는 거다. 하지만 내가 처음부터 이랬던 건 아니다. 일이 년 전까지만 해도 나는 심각한 TV 중독이었다.

약속 없는 주말엔 한 프로그램당 평균 두 번씩 자세만 바꿀 뿐 하루 종일 누워서 텔레비전만 봤다. 24시간 이어지는 케이블 프로그램을 보느라 밤잠을 설치는 건 기본이고, 연휴 땐 편성표에 동그라미까지 쳐가며 모든 프로그램을 섭렵했다. 어렸을 때 넋을 잃고 TV 만화영화를 보고 있으면 아빠는 나에게 "아예 (그 안으로) 들어가겠다"고 하셨는데 실제로 하루 종일 TV만 보다 보면 TV가 나인지, 내가 TV인지 모르겠는, 어설픈 환각을 경험할 때도 있었다. 하지만 그렇게 TV 키드로 자라면서도 '어쩜 이렇게 재미있을까!'라는 생각은 별로 안 했다. '산이 거기 있으니 오른다'는 말처럼 TV가 거기 있으니 그저 볼 뿐이었다. 리모컨으로 전원만 누르면 그다음부터는 아무것도 안 해도 됐으니까.

요즘도 TV를 바보상자라고 부르는 사람이 있을까. 대부분의 가정집에는 가장 좋은 위치에 TV가 떡하니 자리하고 있고 연세 지긋한 어르신들 사이에서는 드넓은 거실에 화면은 거대하면서도 두께가 얇은 TV가 있을수록 '잘해놓고 사는 집'이라는 무언의 인정도 있을 정도다. 그만큼 TV는 일상에 없어서는 안 될 필수가전이 된 지 오래다. 하지만 나는 일 년 전부터 TV를 끊었다. 방에서 TV를 없앴고 혼자 살게 된 뒤로부터는 아예 버리고 왔다. TV 없는 생활을 시작한 이후 내 일상은 꽤 많이 달라졌다.

시간이 남아돈다

습관적으로 TV를 켜 두는 것의 단점은 나도 모르게 TV 보는 시간이 늘어난다는 것. 휴일에 눈을 뜨자마자 TV를 켜면 외출하기 전까지, 퇴근하자마자 TV를 켜면 자연스럽게 잠들기 전까지 계속 TV만 보게 된다. 이다음이 궁금해지게 만드는, 시청자로 하여금 채널을 바꾸지 못하게 만드는 데 가장 주력하는 TV 제작진들인 만큼 과감히 TV를 끄지 못하게 만드는 데 일가견이 있기 때문이다.

TV를 없애고 나니 어차피 할 일이 없으니까, 라며 TV와 함께하던 시간이 고스란히 나에게 배당되었다. 그 낯섦에 잠시 당황하면서도 흘러넘치는 그 시간에 책을 읽거나 일을 하거나 청소를 하거나 음악을 들었다. 그로써 나는 산더미같이 할 일이 있어도 TV를 켜는 순간 까먹는 사람이었음이 밝혀졌다. TV를 끄는 순간 할 일이 보였다.

TV를 끄는 순간,
새로운 일상이 찾아온다.

지출이 줄어든다

TV를 열심히 볼 때까지만 해도, 무의식적으로 시청을 강요당하는 TV 광고의 위력에 대해서는 생각해본 적도 없었다. 하지만 마트에 가면 그 상품이 먼저 눈에 들어왔고, 광고를 통해 화려하게 등장을 알리는 신상품은 나도 꼭 써봐야 할 것만 같았다. 나는 광고에 휘둘리지 않는 현명한 소비자라고 잘난 척해도 내 장바구니는 광고에서 자주 보던 제품들로만 채워졌다. 매년 수십억의 돈을 써가며 TV 광고를 만드는 전문가들이 있는 한 시청자들은 계속 TV를 통해 상품 카탈로그를 구독하게 될 거다. TV 광고를 안 보니 꼭 필요한 것, 늘 쓰던 것만 사게 됐다.

숙면으로 인한 여러 효과

TV를 보지 않게 된 결정적인 이유는 숙면에 방해가 되기 때문이었다. 가뜩이나 늦은 시간에 잠드는데 새벽 내내 TV를 켜 두다 보니 어느새 아침이 왔고, 멍한 머리로 그 다음 하루를 망치기 일쑤였다. 하지만 TV가 없으니 일찍 잠들게 되어 수면 사이클이 조금씩 정상에 가까워졌으며 아침에 몸을 일으키는 일도 용이해졌다.

직업 때문에라도 나는 평생 TV를 안 보고 살 수는 없으며, TV가 싫다는 얘기를 하기에도 어쩐지 뒤통수가 따갑다. 그래서 요즘도 때때로 TV 프로그램을 통해 정보를 얻고 데굴데굴 구르며 웃거나 눈물을 찔끔거리지만 집에 다시 TV를 들여놓아야겠다는 생각은 하지 않는다.

  늘 일찍 귀가하고, 특별히 하는 일이 없는데도 항상 시간이 없거나 잠잘 시간이 부족하다면 내가 TV 시청에 얼마만큼의 시간을 투자하고 있는지 따져볼 일이다. 그리고 서서히 TV 시청 시간을 줄여 나간다면 이제껏 나에게 얼마나 많은 시간이 주어졌는지 알게 될 것이다. 하지만 당신의 방, 가장 좋은 자리에 TV가 놓여 있다면 이 실천이 쉽지는 않을 듯. TV를 끊는 일의 가장 첫 번째 단계는 방에서 TV를 빼는 것. 더 나아가 집에서 TV를 없애는 일이다. TV를 멀리하고 나면 조용하고 여유 있는 일상이 따라온다. 늘 바쁘고 시끄럽고, 정신없어 죽겠다고 불평하는 우리에게 이보다 더 솔깃한 유혹이 있을까.

일단 버려!

버릴 수 없어 두는 것이 늘어날수록
기억의 데이터베이스도 점점 복잡해지고 기억할 수 없는 것도 늘어난다.
- 코이케 류노스케 〈생각 버리기 연습〉

어린 시절, 엄마는 일 년에 한두 번 대청소를 할 때마다 집 안 잡동사니를 반으로 줄이는 개혁을 단행하셨다. 평소 정리정돈에 취미가 없는 엄마가 선택하신 청소법은 '일단 버리기'. 그래서 아빠의 오래된 옷이나 언니의 우표책, 내가 친구들에게 받은 쪽지와 편지는 아무런 상의도 없이 쓰레기통으로 들어갔다. 갑자기 횅해진 책상 서랍을 열어보고 "왜 물어보지도 않고 버려?"라며 대들어도 이미 쓰레기차가 지나간 후엔 소용없었다.

딸은 엄마를 닮는다. 정리정돈에 취약한 엄마의 습성을 똑같이 물려받은 나 역시 어느새부터인가 '일단 버리기'로 청소를 시작한다. 비싸게 샀지만 일 년에 한 번도 안 입은 옷, 이제는 잘 듣지 않게 된 CD, 한 번 더 읽지 않을 것 같은 책은 버리거나 지인들에게

양도하거나 벼룩시장에 내다 판다. 아쉬움보다 더 골치 아픈 건 나라는 사람이 가진 반경의 비좁음이니까. 둘 데가 없으니 갖고 있을 수가 없다.

물건이 가지는 가장 큰 가치는 효용성이다. 단, 그 효용성이라는 건 사람에 따라 다른 의미를 갖는다. 잘 써지는 볼펜을 필기용으로 구입하는 사람이 있는 반면, 관상용으로 구입하는 사람도 있지 않나. 하나의 물건을 바라보는 각기 다른 시선을 효용성이라고 한다면 나에게 효용성이란 활용도를 의미한다. 그래서 내가 물건을 평가하는 기준은 이것을 얼마나 자주 사용하는지, 아닌지다. 그래서 쓰지도 않을 물건은 모으지 않으며, 이미 잊어버린 물건을 안타까워하지도 않으며, 내 것에 대한 집착도 없는 편이다. 그러기 때문에 청소할 때마다 버리고, 버리고 또 버린다.

몇 해 전, 미니홈피가 범국민적으로 유행했다. 물론 요즘도 많은 사람이 이용하고 있지만 등장 초반엔 그 파급력이 실로 엄청났다. 사람들은 많은 돈과 시간을 들여 홈피를 집처럼 꾸미고 매일같이 사진을 올리거나 일기를 썼다. 그 시기엔 디카 열풍까지 겹쳐서 '싸이 업뎃'을 하기 위해 늘 디지털카메라를 들고 다니며 모든 일상을 사진으로 남기는 사람들이 많았다. 나 역시 눈이 오면 눈이 왔다고, 밥을 먹으면 먹었다고 디카를 꺼내 들고 호들갑을 떨곤 했다.

그런데 얼마 전 나는 아무런 감흥도 없이 미니홈피를 없애버렸다. 자연스럽게 그 안에 남아 있던 몇 년간의 기록도 깨끗이 삭제되었다. 내가 어떤 생각을 했고, 무엇을 보고 먹고 만나고 누려 왔는지 고스란히 남아 있었던 그 공간은 나만의 추억의 장소이기도 했지만 한편으로는 내 주위산만의 척도를 보여주는 곳이기도 했다. 그때는 사진을 찍느라 음식 맛을 즐기지 못했고, 멋진 장소를 누리지 못했으며, 마주 앉은 수많은 사람에게 집중하지 못했었다. 시간을 즐기기보다 기록을 즐기던 그때는 느낌이 곧 추억이 된다는 말을 이해 못했다.

물건에 추억을 담아 좀처럼 버리지 못하는 것도 이와 비슷하지 않을까. 그것을 살 때의 날씨, 그걸 발견했을 때의 기쁨, 그걸 보고 사용할 때마다 떠오르는 감정 등 물건이 가진 스토리를 버리지 못하는 거다. 하지만 그 이유로 작은 서랍장은 늘 차고 넘치며, 내 한 몸 누일 자리보다 더 큰 면적의 베란다와 창고가 필요하다면? 시간이 지날수록 소유는 늘지만 그것들을 다 보관할 만큼의 공간이 확보되지 않는다면?

이제는 멀리 여행을 떠나도 좀처럼 사진을 찍지 않는다. 그 시절, 두고 다니면 큰일 나는 줄 알았던 카메라들은 이제 옷장 깊숙한 곳에 들어가 있고, 바리바리 기념품을 사들이는 습관도 사라졌다. 대신, 실제로 그 시간에 집중하려고 한다. 나에게 있어 사진과 기념품은 추억이라기보다는 기억이니까. 기억을 만지거나 쓰다듬으며 사는 것보다 가슴속에 희미하게나마 남은 추억을 가끔씩 되새기며 사는 게 더 애틋하게 느껴지기 때문이다.

'일단 버리기'에 습관을 들이고 나니 아이러니하게도 물건에 대한 애착이 생겨났다. 단 하나를 사더라도 오래 쓸 수 있는 것, 확실한 만족을 줄 수 있는 것으로 고르고 그 덕에 충동구매 역시 자제하게 되었다. 그리고 전보다 내 것을 더 소중히 다루는 습관도 생겨났다. 고심 끝에 고른 물건인 만큼 제때 쓰고, 제때 버리게 됐다.

앞으로도 계속 정리정돈에 젬병일 나는 대청소라는 이름으로 수많은 물건을 버리고 살 것이다. 추억이라는 이름으로 내 곁에 머물던 기억도 언젠가는 퇴색해가거나 잊혀질 것이다. 하지만 그 아쉬움에 무언가를 사 모으며 물건에 추억을 담거나 그 시간에 집중하지 못한 채 기록을 남기려 애쓰기보다는, 오직 그때에만 느낄 수 있는 기분과 감정에 집중하며 살고 싶다. 빈 틈 있는 서랍이어야 새로운 물건을 넣을 수 있는 것처럼 나라는 사람 안에도 여유라는 공간을 마련해 두기. 나는 일단 '버리기'로부터 그 일을 시작한다.

수많은 추억을 간직하는 일엔
그만큼의 장소가 필요해.

투덜거리기보다
제대로 말하기

구부러진 말을 네 입에서 버리며
비뚤어진 말을 네 입술에서 멀리하라.
-〈잠언 5:24〉

고등학교 등하굣길에 타던 한 마을버스 기사 아저씨는 이제껏 만난 버스 기사 아저씨 중 가장 독특한 캐릭터를 지닌 분이었다. 손님이 많으면 많다고, 적으면 적다고, 길이 막히면 막힌다고 투덜댔고 환승 손님이 많으면 적자 나겠다고 투덜거리던 '만성 투덜이 증후군'. 그분을 만나는 아침은 졸음이 짜증으로 바뀌는 효과가 있었지만 내릴 즈음엔 오히려 더 피곤해지며 얼른 집에 가고 싶어지는 역효과도 있었다.

하루는 운전을 하는 내내 마치 라디오를 틀어놓은 것처럼 불평을 이어가는 그 아저씨를 향해 한 승객이 "아, 좀 고만합시다, 좀!"이라며 버럭 소리를 질렀다. 순간 버스 안은 정적에 휩싸였지만 그 기사 아저씨만큼은 입을 다물지 않았다. 내가 일부러 어쩌구저쩌구…. 그런 게 아닌데 중얼중얼…. 아저씨의 투덜이 캐릭터는 내가 학교를 졸업할 때까지 한결같았다.

그런데 요즘 들어 내가 짜증이 늘었구나, 싶은 시기엔 웬일인지 그 아저씨가 떠오른다. 마치 시트콤 캐릭터 같은 그 모습이 내 일상에서도 자주 발견되기 때문이다. 맘대로 되는 게 하나도 없다며 투덜대고, 동료 누구누구 때문에 일하기 싫어 죽겠다고 불평하고, 나름 열심히 살고 있는데도 내 인생은 왜 이렇게 박복하냐고 한탄한다. 이런 태도는 진짜 불만을 처리해야 할 때에도 어김없이 드러난다. 다 큰 어른이 사건의 해결과는 동떨어진 감정적인 떼를 부리는 거다.

평소 기분 나쁜 일이 있어도 기분 나쁘다고 말하지 못하는 쪼잔한 성격임에도 사람들은 내가 기분 나쁘다는 사실을 다 알아챈다. 그 이유는 온 얼굴로 '나 삐쳤어' 아우라를 내뿜고 있기 때문이다. 그저 말로만 표현 안 할 뿐 표정 하나로 온 감정을 다 드러내고 마는 얼굴. 평소 제일 유치하다고 생각하는 사람이 바로 나 자신이라는 것을 매일 실감하며 살고 있다니. 게다가 불평은 또 어찌나 하는지. 뭐가 그렇게 짜증나서 못 살겠고, 억울해서 못 참겠는지 허구한 날 구시렁 일색이다.

이런 나와는 반대로 지인 중에 말을 예쁘게 하는 것으로 유명한 사람이 있다. 무례한 사람 앞에서도 웃음을 머금은 얼굴로 따질 줄 알고, 황당한 상황에 맞닥뜨려도 자분자분 대화를 이어간다. 그 사람이라고 감정이 없고 화낼 일이 없을까. 안 답답하냐고, 맨날 어떻게 그렇게 살 수 있냐는 내 말에 그는 그랬다.

"욕을 하면 화가 더 나. 내가 왜 남 때문에 기분 나빠야 돼?"

평소 자신의 감정기복이 얼마나 격하고, 세상만사에 뜨거운 피를 가졌는지 잘 알고 있기 때문에 더 큰 화(!)를 면하기 위한 자신만의 처세술이라는 얘기였다. 화날수록 더 차분해지려고 노력하고, 듣기 싫은 말일수록 더 상냥하게 말하려 한다는 말에 마음속으론 '독한 놈!'이라고 중얼거리면서도 나는 늘 그가 부럽다. 실제로 그는 유연한 감정 컨트롤로 자신이 원하는 것을 늘 가뿐하게 자기 것으로 만들며 사는 사람이니까.

불평은 사람을 쪼잔하고 치졸하게 보이게 만들 뿐, 새로운 돌파구를 마련해주진 않는다. 마음속 응어리는 풀릴지 몰라도 문제 해결에는 전혀 도움이 되지 않는다. 그래서 나는 감정이 격해졌을 때 모든 행동과 말을 아껴보려 억지로라도 노력한다. 흥분이 최고조에 이르렀을 때는 어떤 행동과 말도 제정신으로 받아들여지지 않기 때문에 그저 때가 지나가기를 기다린다. 그 후 격한 감정이 일단락되었을 때 멀찌감치 떨어져서 다시 생각해본다. 만약 그래도 말해야겠다 싶을 땐 최대한 부드럽게, 하지만 단호하게 말할 것. 앞서 말했던 그 여우 같은(!) 지인이 그러는 것처럼 감정이 아닌 상황에 중점을 두겠다고 다짐한다.

하지만 이 모든 시도는 번번이 암초에 부딪힌다. 그럴 때는 이 상황에서 화를 내지 않으면 나중에 후회할 것인지, 아니면 괜찮을 것인지만 생각한다. 후회할 것 같다면 이상한 사람이 되건 말건 일단 질러버리고, 후회할 것 같지 않다면 억울하더라도 참는다. 쿨하지 못한 사람이 할 수 있는 두 가지 선택의 기로에서 나는 대부분 '억울하더라도 참는 길'을 선택한다. 그리고는 혼잣말을 하며 밤잠을 설친다. 그런 날 꾸는 꿈속에서 나는 세상에서 제일 부드럽고 단호하게 불만을 말할 수 있는 사람이 되어 있다. 그 모습이 얼마나 쿨해 보이는지 모른다. 젠장.

나라는 사람은 우주에서 보면 먼지보다 작은 존재겠지만 내가 품은 감정은 의외로 힘이 세서 주변 사람들 아니 전혀 모르는 타인의 기분까지 망쳐놓을 수 있다. 매사에 투덜거리는 버릇으로 모든 승객의 출퇴근길을 엉망으로 만들던 그 기사 아저씨 같은 모습이 나에게 없을 리 있나. 현명한 방법으로 감정을 조절할 능력이 없는 만큼 일단은 그저 입을 다물기로 한다. 비겁하지만 그러기로 한다. 나도 언젠가는 투덜거리는 대신 제대로 말하는 사람이 될 수 있을까. 그런 거 가르쳐주는 학원, 어디 없나?

안타까운 여자사람들

나는 내면 깊숙한 곳에서 솟아나는 공허감을
치토스로 채우려고 했다. 하지만 나는 여전히 우울했다.
단지 내 손가락만 오렌지 빛으로 물들였다.
나는 우울하다.
- 캐런 샐먼(작가)

여기 네 명의 여자가 있다. 아니, 어쩌면 한 명일지도 모른다. 어찌 되었든 만약 당신이 서른 넘은 여자라면 지금 당장 그만두어야 할 것들. 다 큰 어른이 보기 안 좋아서가 아니라 조금 더 행복해지기 위해서.

엄마! 엄마! 엄마! - 엄마 없이 못 사는 여자

아침잠이 많은 나는 어렸을 때부터 늘 엄마가 깨워줘야 일어났다. 비몽사몽으로 식탁에 앉아 엄마가 퍼준 밥과 국을 꾸역꾸역 먹고 출근. 점심시간엔 후다닥 밥을 먹고 엄마랑 통화를 하며 '오늘 저녁은 뭐 먹을까?'를 상의한다. 퇴근하자마자 인사 대신 하는 말은 "엄마, 밥 줘. 배고파". 엄마가 정성껏 차린 저녁을 먹은 후 두 사람은 나란히 앉아 드라마를 본다. 밤이 되면 엄마가 빨아준 잠옷을 입고, 엄마가 가지런히 정리해준 침대에 쏙 들어간다. 아이고, 방은 언제 또 이렇게 깨끗하게 치워두셨대? 엄마는 늘 말씀하신다. 시집가고 나면 하기 싫어도 하게 될 테니 넌 집안 일에 손도 대지 말라고. 그래서 나는 내 손으로 빨래도, 설거지도, 청소도 안 하고 산다. 물론 돈 관리도 엄마가 해주신다. 월급을 받으면 고스란히 엄마의 통장으로 들어가고, 나는 매달 엄마에게 받는 용돈으로 생활한다. 아휴, 난 엄마 없으면 못 살 것 같다.

귀찮아. 난 그냥 편한 대로 살래. - 외모 방치하는 여자

지각한 아침엔 가끔 츄리닝을 입고 출근한다. 물론 화장은 패스. 머리도 안 감고 대충 감아 올리고 간다. 회사 화장실에서 거울을 볼 때마다 생각은 한다. 미용실을 가긴 가야 하는데…. 일 년 전 밝은 갈색으로 염색한 머리는 정수리부터 눈썹까지 흑발이 된지 오래고 머리끝은 사방팔방으로 갈라져있으니까. 그래도 묶고 다니면 티 안 나니까 괜찮다. 도무지 시간이 나야 말이지. 남들은 미용실이다 쇼핑이다 피부과다 마사지다 열심히 다니는 것 같던데 그런 게 좀 비싸야 말이지. 다 낭비다. 그 돈으로 차라리 맛있는 걸 사먹고, 책을 사 읽고, 돈을 모아 여행을 가겠다. 헛돈 쓰면서 외모에 투자하는 사람은 내실에 자신이 없어서 그런 거니까. 나는 외양보다 내면을 중요하게 생각하는 사람 아닌가. 언젠가 나의 이 빛나는 내면을 알아줄 남자가 나타날 거다. 아니면 말라지. 나도 외모

만 따지는 남자 따윈 절대 사양이니까. 아아 점심을 먹었더니 츄리닝 허리가 어느새 쪼인다. 더 큰 걸 하나 사든지 해야지.

괜찮아. 그 사람이 사랑하는 여자는 나야. - 유부남과 연애하는 여자

벌써 1년. 직장 선후배로 만난 나와 그는 언제라고 할 것도 없이 가까워졌다. 스마트한 외모에 위트 있는 말솜씨…. 그리고 늘 어리버리한 나를 티 안 나게 케어해주는 센스까지. 아내가 있고, 아이가 있는 남자라 손가락질 당하는 기분은 들었지만 그냥 회사에서 친하게 지내는 게 뭐 어떨까 싶었다.

그는 다른 남자와는 달랐다. 말하지 않아도 내가 뭘 생각하는지 알고 있었고, 늘 유치한 농담이나 할 줄 아는 또래 남자애들과는 차원이 달랐다. 우리는 야근이 늦게 끝나는 밤엔 자동차 극장 데이트도 하고 주말엔 교외로 드라이브를 가기도 했다. 아, 며칠 전엔 1박 2일로 여행도 다녀왔다. 그에게 부인이 있다는 사실이 처음엔 힘들었지만 지금은 괜찮다. 그가 사랑하는 사람은 그녀가 아닌 나니까. 침대 위에서 그는 늘 얘기한다. 사랑이 없는 결혼생활만큼 불행한 게 없다고. 얼른 이혼하고 나랑 다시 시작할테니 조금만 기다려달라고. 나는 믿는다. 조만간 나는 그와 새로운 삶을 시작하게 될 거라는 걸.

얼른 부어라. 내가 다 마셔주마 - 취하지 않고는 안 되는 여자

나는 술을 좋아한다. 아니, 사랑한다. 이제껏 술만큼 나에게 즐거움을 준 존재를 만나본 적이 없다. 그래서 늘 술만 보면 이성을 잃는다. 술자리에선 꼭 끝까지 남아서 끝까지 마신다. 주량으로는 회사 사장님에게도 지고 싶지 않다. 그런데 가끔 술자리에서 짜증이 날 때가 있다. 일명 '뺑기' 부리는 여자애들. 안 마실 거면 오지를 말지 남의 술맛까지 떨어뜨리는 것들. 그리고 적당히 마시라며 잔소리하는 인간들. 기분 좋게 마시고 있는 사람에게 찬물을 끼얹는 것도 유분수지 예의가 없어도 너무 없는 거 아닌가.

그래서 요즘 나는 그냥 혼자 마신다. 단골 술집 카운터에서 앉아 사장님이 가게 문을 닫을 때까지 주거니 받거니 하면서 마시거나 아예 맘 편하게 집에서 혼자 마신다. 내 모든 밤시간은 술을 마시기 위해 비워놓았다. 마트에 가면 맥주부터 짝으로 산다. 너 알콜중독 아니냐고? 설마. 그냥 즐기는 것뿐이다. 맘만 먹으면 내일이라도 당장 끊을 수 있다.

이런 여자가 어디 있냐고? 있다. 그것도 은근히 많다. 위의 네 가지 예는 모두 나의 실제 지인들의 이야기니까. 하지만 나는 그녀들에게 잔소리를 하지 않는다. 뭐 하러. 자기가 그렇게 살겠다는데. 어차피 내 말은 듣지도 않는데.

세상은 둥글고 사람은 다 제각각이기에 개인의 잣대로 옳고 그름을 따진다는 것 자체가 의미 없음을 안다. 하지만 결코 간과할 수 없는 무서운 진실은 사람은 좀처럼 변하지 않는다는 것. 지금 내가 이러고 있듯 십 년 후에도, 아니 오 년 후에도 똑같이 살고 있을 거라는 생각을 하면 가끔 아득해질 때가 있다. 그때 가서 후회하고 있을 내 모습이 싫어서가 아니라 그때가 되어서도 언젠가는 달라질 거라고 기대하고 있을 내 모습이 두려워서. 언젠가는 달라질 거야, 라는 말은 이미 십 년 전부터 줄기차게 해온 말이니까.

지금 모습이 몇 년 후에도 변함없을 거라는 사실에 거부감이 없다면 지금 그대로 충분하다. 하지만 '자꾸만 이러면 안 되는데…'라는 생각이 든다면 조금이나마 움직여보기를 권한다. 남이 아닌 나를 위해서. 나중에 또 '언젠가는, 언젠가는…'을 중얼거리지 않게 되기 위해서. 더 좋은 쪽으로 달라지는 것, 그건 변하는 게 아니라 발전하는 거니까.

분노의 마트질

> 마트나 백화점 지하 식품 매장은
> 호기심 많은 인간에겐 위험한 곳이다.
> 호기심 많은 데다 돈도 없으면 더 낭패인 곳.
> ─정희재 〈도시에서 살며 사랑하며 배우며〉

"이사 오셨나 봐요?"

수십 번의 삑삑 소리에도 줄지 않던 계산대 위의 품목을 보면서 계산원 아주머니가 말을 건넸다. 눈앞엔 욕실 매트부터 된장까지… 일관성이라고는 전혀 없는 작은 무덤이 놓여 있다. 기하급수적으로 늘어만 가는 계산기 화면 속 숫자를 바라보니 내가 뭔 짓을 한 거지? 하는 생각만 든다. 오늘은 양상추에 스파게티면, 두부만 사려고 온 건데. 망했다 또.

마트만 오면 나에게 얼마나 부족한 게 많은지를 깨닫는다. 그리고 내 곁엔 왜 그렇게 낡아서 새로 장만해야 할 것이 많은지도 절감한다. 내가 끄는 카트의 무게는 내 박복함의 무게. 스트레스가 많이 쌓였고, 여전히 외로우며, 내내 마음이 갑갑한데 어떻게 풀어야 할지도 모르겠고. 그런데도 먹고살려면 불평 말고 일해야 하며, 그럼에도 늘 쪼들려 허리띠를 졸라매야 할 수밖에 없는 일상. 그럼에도 터닝 포인트나 돌파구를 마련하는 일은 쉽지 않으니 오늘, 여기서, 장보기만큼은, 맘 편히 해야 되지 않겠냐고 떼 부리는 심정이 되는 거다.

그러다 보면 커다란 카트 안은 테트리스의 게임오버 직전 상태처럼 가득 채워진다. 살 생각이 전혀 없었음에도 몇 개씩 묶어서 파는 참치캔과 올리브유, 여러 개를 한꺼번에 사면 브랜드 로고가 박힌 컵을 끼워주는 맥주는 주저 없이 카트 안으로 투척. 당분간 올 시간이 없을 것 같으니 이삼 주 치 장도 한꺼번에 본다. 살림 같은 건 해본 적도 없으면서 자고로 싸게 팔 때 사 둬야 한다며 이것저것 사다 보니…. 결국 계산대에서 이사 오셨냐는 얘기나 듣게 되는 거다.

스트레스 해소를 위해 마트에 가지는 말아야 한다. 오랜만에 운동 삼아 산책하는 길에 마트로 방향을 바꾸는 짓은 절대 금지며 배고픈 상태에서 마트에 들르는 건 이미 참패가 예상된 일이라는 것도 알고 있다. 게다가 점점 옷이나 주얼리, 화장품에 대한 열망보다 그릇, 이불, 쿠션 등 생활용품에 대한 관심이 늘어나서 백화점보다 마트 가는 일이 더 설레는 엉뚱한 취향마저 생겨나지 않았나. 세 번씩 접어도 지갑에 안 들어가는 기나긴 영수증을 바라보면서 스스로에게 근신을 주기로 했다. 당분간 마트 출입 금지다! 자, 어서 마트 중독의 끈을 잘라버리는 거야!

가득 찬 카트의 무게는
내 박복함의 무게. 내 우울함의 무게.

그래서 이제는 동네 슈퍼로 간다. 대형마트에 비해 쾌적하지 않으며 상품의 다양성도 존재하지 않으며 이것저것 카트에 담으며 돌아다니는 사이 희미하게 스트레스를 해소시켜주는 쾌감도 없다. 그 대신 그곳엔 편리한 접근성과 효율성이 있다. 상하기 쉬운 재료를 유통기한을 걱정하지 않고 구입할 수 있으며 요리를 하다가 당장 양념이 떨어졌을 때 슬리퍼를 질질 끌고 다녀올 수 있고, 무리한 소비를 억제시켜준다는 것. 마트 중독자에게 동네 슈퍼는 또 다른 차원의 리햅(Rehab)일지도 모른다.

동네 슈퍼로는 뭔가 부족하다는 느낌이 든다면 또 다른 선택은 재래시장. 동네 슈퍼에서 사기엔 아쉬운 신선한 채소와 해산물, 육류 등은 한 달에 한두 번 부모님 댁 근처에 있는 골목시장에 들러 장을 본다. "좀 더 주세요. 싸게 주세요"를 외치는 사이 자연스럽게 들려오는 애기엄마, 사모님, 심지어 새댁이라는 말엔 얼른 적응해야 한다. 그 덕에 한꺼번에 많은 양의 장을 봐서 먹지 못하고 버리는 일도, 유통기한을 걱정하는 일도 없게 되었으며 자연스레 대형마트가 남발하는 엄청난 횡포에 대해서도 알게 됐다. 마트에는 5만 원을 들고 가도 카트에 별로 담은 게 없어 늘 계획보다 과다 지출을 하곤 했으나 시장에서는 양손 가득 무언가를 들고 있는데도 주머니엔 늘 돈이 남았다. "혼자 살아서 그러는데, 요만큼만 주실 수 있나요?"라며 불쌍한 표정을 지으면 킬로그램으로 파는 모든 식재료를 한 주먹만 살 수도 있다.

하지만 그 무엇보다 가장 경제적인 것은 집에 들를 때마다 냉장고나 다용도실, 베란다에 한 무더기씩 쌓여 있는 양파와 마늘, 감자 등을 몇 개씩 슬쩍 빼오는 거다. 십수년간의 주부생활 노하우 끝에 양질의 농산물을 박스 혹은 봉투만 보고도 발견해내는 신공을 지닌 엄마가 고른 채소들은 마트에서 산 비실비실한 채소들과는 비교가 되지 않는다. 감사하게도 집에 들를 때마다 당신이 쟁여둔 식재료를 조금씩 가져가는 모습을 엄마는 은근 흐뭇해 하신다. "거봐. 엄마 없이 혼자 살기 힘들지?"라며 으쓱해 하신다.

  이 세 가지 방법을 통해 아직까지는 마트 근신기를 잘 버텨내고 있다. 하지만 이러다 언제 또 줄달음쳐 분노의 마트질을 하게 될지 모른다. 그날을 기점으로 동네 슈퍼나 시장에서 조금씩 맺혀 온 한을 모조리 풀게 된다면 참 좋겠다. 언젠가 다가올 그 기념일을 위해 비공식적으로 '마트 적금' 하나 들어놓을까. 한 달에 얼마씩 일정하게 돈을 모으고 일 년에 두어 번 정도 아무런 죄책감 없이 마트로 출동하기 위한 적금. 신용카드도 없이 모은 현금만 달랑 들고 마트로 가서 카트가 넘치도록 쇼핑하는 거다. 그날만큼은 또 "이사 오셨나 봐요?"를 듣더라도 상관없겠지. 말 나온 김에 오늘부터 시작해볼까.

진정한 효도는
부모님과 떨어지는 것

효도란, '효도란 무엇일까?'를 생각하는 바로 그 순간.
— 마츠모토 히토시(개그맨)

"잘 지내나, 작은딸?"

평소 전화 같은 건 잘 안 하시는 아빠가 어쩐 일인지 먼저 전화를 걸어오셨다. 내내 바빠서 집에 들르기는커녕 전화도 제대로 걸 틈 없이 지내다 보니 어디가 아파서 그러는 건 아닌지 걱정이 되셨다고 했다. 평소와는 다른 아빠의 모습에 감동하면서도 나는 그저 무뚝뚝한 대답만 던지는 '아직 먼' 딸. 그러면서도 내일은 무리를 해서라도 집에 들러야겠다고 다짐했다. 나 원 참, 언제부터 이렇게 효녀였다고.

친구들과 아무 생각 없이 수다를 떨다가도 '몸에 좋다!'는 무언가가 화제에 오르면 부모님 얼굴을 먼저 떠올리고, 쇼핑을 가서 내 것을 바리바리 사다가도 엄마 아빠에게 좋은 건 뭐가 있을지를 생각한다. 예상 외의 수입이 생기면 부모님 댁에서 바꿔드리고 싶은 가전제품을 주문하거나, 조만간 목돈이 모이면 부모님과 함께 해외여행을 가겠다는 꿈도 꾼다. 참 낯설고 좋구먼. 나 먹고 나 사고 나 좋은 일만 하기 바빴던 사람이 말이야.

부모님과 따로 살고 나서부터 부모님에 대해 떠올리는 시간이 늘었다. 이따금 전화기를 통해 들리는 힘없는 목소리엔 행여 편찮은 건 아닌지 걱정되고, 병원에 다녀왔다는 얘기엔 아무 일 없었냐, 그러기에 미리미리 검사 좀 받으라고 잔소리를 하게 된다. 이런 생각을 하면서도 혹시 내가 철이 든 건가? 하는 생각에 불쑥 멋쩍어진다.

더는 부모님이 기댈 수 있는 존재가 아니라 내가 걱정하고 챙겨야 할 존재라는 걸 느끼는 순간 늘 주변머리 없던 자식들도 변하기 시작한다. 하지만 얼마 전까지만 해도 안 그랬다. 거울을 마주할 때마다 늘어난 주름과 잡티를 세어보고 연말이 다가올 때마다 제대로 한 건 없는데 한 살 더 먹었다며 한숨을 쉬면서도, 내가 한 살 먹을 때 부모님도 한 살 더 늙는다는 생각은 하지 못했다. 문득 부모님이 매일같이 챙겨 드셔야 하는 약이 늘고, 병원을 찾는 횟수가 늘고, 집에 계실 때면 누워 있는 시간이 늘었구나, 라는 걸 깨닫고 보니 두 분은 어느새 할아버지 할머니가 되어 있었다.

그럼에도 불구하고 서른이 훌쩍 넘은 딸에게 밥 먹었냐, 감기 안 걸리게 따뜻하게 입고 다녀라, 일찍 자고 일찍 일어나라, 라는 잔소리를 하시는 분들. 내가 늘 당연하게 생각했거나 귀찮다고 신경질 내 왔던 일들을 의무처럼 계속해 오신 분들. 그 모습에 이따금 울컥한다. 그 잔소리를 들을 날이 그리 머지않았다는 불경스러운 생각이 들어서.

결혼을 하든, 독립을 하든, 장기여행이나 유학을 떠나든 부모님과 떨어져봐야 애틋함이 생긴다는 말은 맞다. 매일 아침 얼굴을 마주할 때마다 쓴소리를 주고받거나, 그저 눈빛만으로도 숨 막힘이 느껴진다는 지인들의 이야기에 나도 얼마 전엔 격하게 공감했었다. 몇 달 전까지만 해도 나는 엄마 아빠 얘기만 나오면 눈물짓는 사람들을 이해 못했으며, 하루라도 빨리 집을 나가고 말 거라는 자작곡을 부르고 다녔다. 부모님의 관심은 곧 참견이었고, 조언은 구속이었다. 하지만 이제는 내가 부모님을 참견하고 구속하려 들다니. 혼자 나서 혼자 큰 사람처럼 건방을 떨던 사람이 이래도 되나 싶다.

결혼해서 자식을 나아봐야 부모 속을 알게 된다고 하지만 여러 이유로 그 일이 여의치 않은 사람들이 얼마나 많은가. 줄곧 붙어사느라 서로에게 좋은 모습보다는 안 좋은 모습을 더 보여주게 되는 만큼 여건이 허락된다면 잠시라도 떨어져 살아보는 건 어떨까. 물론 본인에게도 좋고 부모님도 기뻐하실 결혼을 하는 게 제일 좋겠지만 그게 아니면 독립이라도, 아니면 장기여행이라도 시도해보는 거다.

자꾸 어딜 그렇게 나가려고 하냐는 부모님의 역정에는 이게 다 효녀 되려고 그러는 거라고 말하면 된다. 그러면 같이 살면서는 대체 왜 효도를 못하는 거냐고 치고 나오실지도 모른다. 참고로 그때, 나는 그런 게 있다고 말했다. 그런데 실제로 떨어져 살아보니 진짜 그런 게 있더라. 나밖에 모르던 내 마음에도 실낱같은 효심이 자리하고 있더라. 진정한 효자 효녀는 부모님 댁 먼 곳에서부터 나오는 것이었다.

연애를 몇 년 쉬었습니까?

외롭지 않은 어른 따윈 없어.
— 일본 드라마 〈끝에서 두 번째 사랑〉

"나, 연애세포가 죽었나봐."

요즘, 주위의 많은 싱글 남녀들이 연애를 쉬고 있다. 게다가 지난 연애가 언제였는지 생각나지 않을 정도로 그 '연애휴지기'는 생각보다 오래 지속된다. 좋아하는 사람도 없고, 만나는 사람도 없지만 딱히 소개 받으려 하지도 않으면서 가끔씩 멍한 눈동자로 외롭다고 말하는 사람들. 그러나 그들은 외로우니까 사람이라며 서둘러 자위한다. 새로운 만남을 시도하다가도 금세 다시 솔로로 돌아가버리는 그들이 가장 꾸준히 하는 일은, 죽어버린 연애세포를 애도하는 일이다.

나라고 다를 리 없다. 짝사랑을 하건, 누군가를 사귀건, 새로운 대상을 물색하건… 주변에 늘 누군가를 두고 살던 나이지만 몇 년 전부터 지인들에게 요즘 진짜 아무 일도 없냐는 질문을 줄기차게 듣고 있다. 그러게. 왜 이렇게 재미있는 일이 하나도 없는 거냐? 하고 되물으면서도 나는 안다. 늘 푸념과 변명이 교차하는 일상을 살짝만 더 깊이 들여다보면 그 안에는 세 가지 마음이 뛰놀고 있다는 것을. 곧 죽어도 내 것은 포기하지 못하겠다는 욕심과 내가 아직도 사랑받을 만한 사람인가? 하는 자신감 결여, 그리고 '이 나이가 되어서까지' 실수하고 싶지 않다는 다짐이 그것이다.

시간이 지날수록 연애에 대한 환상이 줄어드는 대신 취향에 대한 고집은 단단해진다. 세상에 믿을 만한 남자는 없어도, 일상을 풍요롭게 해주는 내 것에 대한 만족도와 집착은 점점 늘어가기 마련이다. 거기서 거기인 남자를 만나 재미도 없는 신변잡기적인 대화를 이어가고, 맘에도 없는 밀당에 힘쓰는 것보다 키우는 고양이와 집에서 뒹구는 게 더 좋고, 만 원짜리 지폐를 가득 채운 지갑을 들고 쇼핑하러 가는 게 더 즐겁고, 혼자 카페에 앉아 책을 읽고 커피를 홀짝이는 시간이 더 만족스럽다. 외로움을 이겨낼 수 있는 것들은 이렇게 널리고 널렸는데, 연애, 그거 꼭 해야 돼? 하는 생각이 드는 거다.

게다가 사람은 타인을 통해 자신의 모습을 발견하는 법이다. 남의 말에 좀처럼 휘둘리지 않고 스스로의 의지대로 잘 살아가고 있는 사람이라 자신해도, 나이가 들수록 사람들에게 듣는 칭찬 대신 충고가 늘고, 거울을 볼 때마다 빛이라고는 없는 얼굴을 마주하다 보면 자연스럽게 자신감은 사라진다. 그래, 이렇게 생기도 없는 내가 연애를 쉬는 건 당연한 거겠지. 뒤이어, 누군가에게 여성적인 매력을 내뿜을 시기는 이미 지났을 거라는 자괴감이 엄습하며, 새로운 만남을 위한 노력에도 점점 나태해진다.

그 마음은 행여나 실수하고 말까봐, 라는 걱정까지 불러들인다. 결혼할 사람도 아니고, 본격적으로 사귈 남자도 아닌데 무작정 만나면 안 될 것 같다며 몸을 사리고, 별 의미도 없는 관계에 헤헤호호하는 건 안 될 일 같다며 스스로를 채찍질하기도 한다. 마치 잃으면 큰일 날 대단한 것이라도 쥐고 있는 사람처럼 비싸게 굴다 보니 어느새 나는 또 혼자가 됐다. 그리고 이 모든 행동의 결과는 딱 하나다. 나는 연애세포가 죽은 사람이야, 라는 서늘한 인정뿐이다.

아유. 그러고 보니 내 연애세포를 죽인 것은 딴 사람도 아닌 나구면. 이성을 대할 때 장점 대신 단점을 먼저 세고, 잘될 이유보다 안 될 이유를 빨리 찾고, 아무 이유 없더라도 금세 귀찮아하는 사람이니. 가끔 내가 연애와 결혼에 이다지도 회의적인 이유에 대해 생각하다 보면 어느새 한숨이 난다.

대외적으로는 주변의 커플 중 행복해 보이는 사람이 하나도 없어서, 라고 말하면서도 실은 나 역시 그들 중 하나가 될까봐 염려하는 것. 나는 나 같은 애인도 싫고, 나 같은 아이도 싫고, 나 같은 부모도 싫다. 게다가 지금과는 다른 새로운 인생을 두 팔 벌려 환영할 만큼 용기 있는 사람도 못 된다. 그렇다고 마냥 이렇게 쉴 수는 없는데…. 너무 긴 휴식은 어느새 생활이 되어버릴 텐데…. 하지만 이럴 땐 고맙게도, 옆에서 도와주는 사람이 생기기 마련이다.

연애세포를 복원하기 위해 버려야 할 세 가지.
고집, 귀차니즘, 그리고 두려움.

얼마 전 술자리에서 끔찍한 말을 들었다. 다음날 오후까지 침대 위를 뒤척거리면서도 계속 머릿속을 떠나지 않던 그 한마디는 바로, "넌 여성성이 좀 부족하지"였다. 슬프구먼. 우울하구먼. 나는 이제 여자도 아니게 된 건가…?

그러면서도 어느새 불끈 주먹을 쥐게 됐다. 그래, 따지고 보면 나는 늘 자극에 강한 사람이었다. 조금만 밟혀도 세차게 꿈틀할 줄 아는 사람이었다. 그래, 새해 덕담 대신 들은 그 충고로 다시금 움직여봐야겠다. 두고 보세요. 조만간 저, 연애할 겁니다. 죽어버렸을지도 모르는 연애세포 복원, 저 스스로 하고 말 거라고요. 내 연애세포는 죽은 게 아냐. 다만, 잠들어 있을 뿐이지.

월급의 3퍼센트를
모르는 사람에게 쓰자

성공의 80퍼센트는 단순한 참석이다.
아주 기본적이고 기초적인 것.
정신과 육체가 분리되어도 육체만으로도 할 수 있는 것.
―우디 앨런

아이가 없는, 싱글인 그리고 경제적으로 아니 정확히 말하면 내적으로 여유 있는 여자가 시간이 지날수록 관심을 갖는 일은 '더불어 사는 삶'이다. 종이컵과 나무젓가락을 죄책감 없이 써대던 과거를 청산하고 일회용품 줄이기를 생활화하고, 텀블러에 음료를 담아 마시며 지구를 염려한다. 환경에 대한 관심은 생명에 대한 관심으로 이어져 채식을 결심하거나 더는 모피 코트와 가죽 재킷을 동경하지 않는 등 동물보호에 대한 목소리를 높이고 이는 자연스럽게 인권과 복지에의 작은 실천으로 확대된다. 서서히 그녀들의 마음에는 '소외된 생명'이 차지하는 자리가 늘어간다.

몇 년 전까지 나는 누군가를 돕는 일에 지독한 거부감을 갖고 있었다. 내가 뭐라고. 내가 뭐 대단한 사람이라고 남을 도와주나.

더 정확히 말하자면 누군가를 도와주는 사람에게서 느껴지는 으쓱함이 꼴 보기 싫었다. '오른손이 하는 일을 왼손이 모르게 하라'는 말도 있는데 어디어디에 얼마를 기부하고, 누구를 어떻게 도왔다는 걸 왜 그렇게 떠벌이는지. 좋은 일을 하려면 조용히 하라고. 그렇게 TV나 신문에서 유명인들을 대할 때마다 입을 삐죽거렸다.

얼마 전, 친한 후배 B가 메신저로 말을 걸어왔다. 늘 활달한 성격인 아이가 미지근하게 뜬구름 잡는 얘기만 늘어놓는 걸 보니 꺼내기 거북한 사연이 있는 모양이었다.

우슨 일인데? 얘기해봐.

그러자 심호흡할 시간을 벌듯 잠시 침묵하더니 메신저창 가장 아래칸에 묵직한 한마디를 띄웠다.

언니, 나 돈 좀 빌려줄래요?

순간 노트북 자판 위에 얹힌 손이 파르르 떨렸다. 드디어 올 것이 왔구나. 오래 다니던 회사를 그만둔 후 긴 시간 동안 새로운 일자리를 구하지 못했고, 부모님과 떨어져 서울 변두리의 월세방에서 어렵게 지내던 그녀의 사정은 대충 알고 있었지만 그래도 이렇게 돈 얘기를 꺼낼 정도인지는 몰랐다.

나라는 사람의 본질은 늘 이렇게 기습적으로 확인된다. 나도 요즘 사정이 좋지 않아서 그만한 돈은 빌려줄 여유가 없다는 변명을 늘어놓는 동안 가슴 한구석에서는 '너 참 간사하고 비겁하구나'라는 쓴소리가 이어졌다. 어렵게 꺼낸 후배의 말에 맨 처음 든 생각은 빌려줄 돈이 없다는 안타까움도, 아끼는 사람의 사정을 그다지도 헤아리지 못했다는 자책도 아닌, 이제껏 잘 지내 온 사이에 불쑥 돈 얘기를 꺼낸 후배에 대한 원망이었으므로. 그러니까 나는 이미 착해 보이고 싶을 뿐 절대 착하지 않은 이기주의자, 어렸을 적 그렇게 되기 싫었던 얄미운 어른이 되어 있었다.

다음 날 아침이 올 때까지 두서없는 생각이 이어졌다. 그러던 중 문득 혹시 나는 누군가를 돕는 일에 대해서도 비슷한 생각을 갖고 있었던 건 아닌지 뜨끔해졌다. 줄곧 쿨한 선배를 자처해 왔으면서도 후배의 '돈 좀 빌려줘요'라는 말에 난감함부터 느낀 것처럼 누군가를 도와주고 있지 않다는 뒤통수 따가움을 선행에 대한 거부반응으로 얼버무리고 있었던 건 아닐까. 만약 누군가를 돕는 일에 인간애보다 우월감이 더 크게 자리하더라도 그 때문에 배고픈 아이가 밥을 먹고, 아픈 사람이 치료를 받고, 흩어졌던 가족이 다시 모여 살 수 있다면 그쯤은 눈감아도 될 일 아닌가. 범죄자에 대해서는 손가락을 치켜세우며 개탄할 줄 알면서도 왜 선행을 베푼 사람에겐 쌍수 들고 환영하지 못하는 건지. 진짜 못난 사람은 으쓱한 마음으로 선행을 이어가는 사람이 아니라 선행과는 전혀 상관없이 살면서도 타인의 선행에 대해서는 누구보다 뾰족함을 품고 있는 나 아닌가.

지구에게 친절하게.
자연에게 따뜻하게.
타인에게 상냥하게.

적어도 나쁜 사람만큼은 되지 않기 위해 가장 필요한 덕목은 역지사지(易地思之)라고 생각한다. 내가 그 입장이 되어보는 것. 만약 내가 매일같이 밥을 굶는다면, 내 몸 하나 누울 곳도 없는 사람이라면, 잔뜩 생색을 내면서라도 먹여주고 재워주는 사람이 좋을까 아니면 "어쩜 좋아요. 많이 힘드시겠어요"라며 어깨를 두드려주고는 제 갈 길을 가는 사람이 반가울까.

마음속에 품은 관심과 애정은 행동으로 드러내지 않으면 아무런 힘이 없다. 내가 평생 훈장을 가슴에 단 듯 어깨에 각을 잡고 후배를 만나는 한이 있더라도 그때 난 후배에게 돈을 빌려주는 게 옳았다. 그 액수가 도저히 무리였다면 보태줄 수 있는 만큼이라도 건네는 게 맞았다.

그 일이 계기가 된 건지는 확실치 않지만 얼마 전부터 작게나마 '더불어 살기'에 참여하기 시작했다. 단, 누구보다 아름답지 않은 과거를 가진 사람이기에 티 내지 않고 찔끔찔끔 실천하고 있는 중이다. 그러다 보니 욕심이 생긴다. 나도 언젠가는 자랑스러운 선행으로 소문내고 싶다고. 더 큰 선행을 하고 싶다고!

누군가를 돕는 일을 티 내지 않으면서 실천하고 싶다면 바로 이번 달부터 월급의 3퍼센트를 모르는 사람을 위해 써보는 일을 추천한다. 월급의 3퍼센트라니, 이건 어디 가서 티 낼 수도, 자랑할 수도 없는 애매한 숫자 아닌가. 그게 10퍼센트가 되고 20퍼센트가 되고…. 아무리 생각해도 내 형편으로는 너무 많은 숫자를 들여 선행을 실천하고 있다, 는 생각이 들면 그때는 티 내고 소문내고 사진도 찍고 다 하면 된다. 나는 그럴 만한 일을 했는걸! 하고 자랑하면 뭐 어떻다고.

　이쯤해서 자신의 선행을 은근슬쩍 혹은 대놓고 자랑스러워하는 유명인들의 입장이 이해되기 시작한다. 결국 그들도 비슷할지 모른다. 자신들의 형편에 비해 너무 많은 숫자를 좋은 일에 쓰고 있다는 뿌듯함이 드는 걸지도 모르겠다. 결론은 선행이란 티 내는 한이 있어도 하는 게 낫다는 것. 그래서일까, 이제는 매스컴에 등장하는 기부천사를 보고도 다른 마음을 갖게 되었다. 멋있다, 대단하다 그리고 부럽다. 나도 언젠가 저렇게 살 수 있을까….

제2의 지인 꾸리기

> 항상 똑같은 사람들하고만 있으면 그들은 우리 삶의 한 부분을
> 차지해버린다. 그렇게 되고 나면, 그들은 우리 삶을 변화시키려 든다.
> 그리고 우리가 그들이 바라는 대로 바뀌지 않으면 불만스러워한다.
> —파울로 코엘료 〈연금술사〉

미국에서 출발한 페이스북이 전 세계인의 일상이 된 이후 사람들의 '관계 맺기'는 달라졌다. 그중 가장 눈에 띄는 변화는 더는 사람들이 인터넷을 통해 친구를 만들거나 이성을 만나고, 더 나아가 결혼하는 것에 거부감을 갖지 않게 되었다는 사실일 거다. 그로 인해 인간관계 역시 점차 수평적인 형태를 띠게 되었다. 세월의 깊이나 애정의 온도가 강조되는 수직적 관계보다 관심이나 호기심지수에 따라 그 스펙트럼이 무한대로 넓어지는 수평적 관계가 늘어난 것. 어쩌면 이 시대가 정의하는 인간관계란 친한 사람(친구)의 수보다 아는 사람(지인)의 수로 판가름될지도 모른다.

하지만 문제는 인간관계도 다 스트레스라는 걸 알아버렸다는 거다. 게다가 세월이 흐를수록 천성은 게을러지고 그에 따라 생활

반경과 시야 역시 좁아지기에 적어도 사람 사이에서만큼은 맘 편하고 싶다는 생각을 하게 된다는 거다. 그래서 가타부타 설명 없이도 날 이해해주는 사람, 오래 알아서 익숙한 사람하고만 만나면서도 어느새 깨닫고 마는 것은 편한 사람도, 날 이해해주던 사람도 점점 사라진다는 현실이다.

그동안 친하게 지내던 친구들이 하나둘씩 새로운 식구와 자기만의 삶을 찾아 떠나고, 어느새 혼자 덩그러니 남아 기름기 쏙 뺀 닭가슴살 라이프를 꾸역꾸역 영위하고 있는 일상. 권태로움에 빠져 있다면 인간관계의 터닝 포인트를 찾아볼 때다.

나의 경우, 몇 년을 인터넷 중독자로 살아오다 보니 다양한 루트를 통해 알게 된 지인이 원래 알고 지내던 친구의 수를 가뿐히 넘어섰다. 그건 새로 알게 된 지인이 늘었다는 게 아니라 기존에 친하게 지내던 친구들을 잃었다는 의미와 더 가깝다. 결혼하고, 아이를 낳아 키우는 친구들과는 자연스럽게 소원해졌고, 나와는 전혀 다른 일을 하는 친구들과는 가끔 만나도 공감대를 찾기 어려웠으며, 그나마 일이 년에 한두 번 있던 동창회에도 얼굴을 비추지 않게 된 지 오래되었으니까.

그리고 주변에 남은, 겨우 한 손에 꼽히는 친구들과의 관계 역시 순조롭지 않았다. 이미 지나치게 친한 우리는 만날 때마다 잔소리를 하거나, 아무렇지도 않게 상처를 주기 바빴다. 오래된 친구는 어떤 의미에서 권태기의 연인 또는 애증으로 똘똘 뭉친 가족과 비슷하다. 서로를 바꾸고 싶어하고 지긋지긋해 하다 때로는 그 관계에서 도망치고 싶어하니까. 많이 안다는 것은 더 많이 참견하고 싶은 욕구를 불러일으키니까.

그래서 나는 기존의 관계엔 조금 쉼표를 두는 대신, 온라인상의 친구를 오프라인으로 확장하는 일로 제2의 지인 꾸리기를 시작했다. 빠르게 소비되고 잊히는 오프라인의 특성상 모든 사람이 절친이 될 순 없었지만 그렇게 만난 열 명 중 한두 명은 오랜 기간 알고 지내는 친구로 남았다. 고민이 있으면 만나서 털어놓고, 주말 밤에는 깔깔거리며 술잔을 기울이고, 생일이나 명절에는 작은 선물과 카드로 서로를 챙기는 또 다른 지인이 생긴 이후로 인간관계를 대하는 태도에도 변화가 생겼다. 새로운 사람들에게서 받은 상처는 오래된 사이에 대한 소중함을 깨닫게 했으며, 기존의 인간관계에서 오는 권태로움은 새로운 만남이 주는 자극으로 가볍게 날려버릴 수 있었다.

친구관계도 예전 같지 않고, 나를 둘러싼 관계 역시 변화가 필요하다는 생각이 든다면 제2의 지인 꾸리기로 인간관계의 터닝 포인트를 마련해보는 건 어떨까. 그 일은 분명 기존의 인간관계를 다시금 재정비하는 일을 도울 것이며 내 일상 챙기기에 바빠서 주변의 변화에는 담을 쌓고 살 뻔했던 편협함에서도 벗어나게 해줄 것이다.

단, 가장 중요한 것은 인맥을 위한 전략 또는 내 편 만들기가 아니라 누군가를 향해 먼저 마음을 여는 일이라는 사실. 진심은 통한다는 말은 제2의 지인 꾸리기에 있어서도 예외는 아니니까. 물론, 그 진심은 적극적으로 행동하고 표현할 때, 비로소 빛을 발한다.

스마트폰 말고 스마트홈

'당신이 사는 곳이 당신을 말해준다'
따위의 아파트 광고 카피가 나는 정말 싫다.
— 백영옥 〈마놀로 블라닉 신고 산책하기〉

'어머, 나 평생 여기서 살지도 몰라!'
 반나절에 걸쳐 이삿짐을 옮기고 바닥에 벌러덩 드러누우며 그런 생각을 했다. 월세이거나 말거나 오늘부터 여긴 내 방이고 내 집이다. 벽지부터 젓가락까지 오직 내가 원하는 것만으로 이루어진 공간. 그러나 이사 온 지 두 달도 안 된 시점에 얼른 이사 가고 싶다고 부르짖게 될 줄이야… 그렇다. 나는 벌써 몇 달째, 스위트홈보다 중요한 건 스마트홈이라는 뼈아픈 진실을 실감하는 중이다.
 맨 처음 혼자 살 집을 고를 때는 현실성이 턱없이 부족하기 마련이다. 그동안 꿈꿔 온 나만의 집이 얼마나 예쁘고 있어 보이는지가 관건인지라 모든 조건은 제쳐 두고 꾸밀 마음이 생기는 깔끔한 집이 계약 1순위가 되는 것. 그래도 나는 집 고르는 데 꽤 깐깐한

편이었다고 자부했는데…. 주로 집에서 작업을 하기 때문에 오래 머물러도 짜증나지 않는 곳, 작업장과 침실과 부엌이 각각 분리되어 있는 곳, 주 활동무대인 홍대와 그다지 멀지 않은 곳. 이 세 가지 요건을 적극 강조하며 부동산 아주머니가 추천하신 집을 돌아보았다. 한 가지 걸리는 것은 내가 살고 싶은 집과 부동산 아주머니가 추천하는 집이 다르다는 데 있었지만 살 사람은 나인데 뭐가 그리 문제일까 싶었다.

하지만 전문가라는 단어 안에는 다년간의 경험과 연륜, 그에 따른 자부심이 숨어 있는 법. 그분이 왜 그 집을 추천했으며 왜 이 집을 마지막까지 보여주고 싶어하지 않았는지 살아보고 나서야 알게 되었다. 무언가를 결정할 때 가급적 남의 말을 듣지 않는 성격에 스스로 발목 잡힌 케이스였다. 그래서 이제부터 나는 처음으로 혼자 살 집을 고르는 데 있어 주의할 점을 설파하려고 한다. 만약 여전히 예쁜 카페처럼 생활감이 결여된 집을 꿈꾸고 있는 예비 싱글족이라면 잔소리라고 생각하지 마시고 읽어보시길.

아무리 강조해도 부족하지 않은 빛의 소중함

볕이 잘 들지 않는 건물은 아무리 아늑하게 꾸며놓아도 늘 칙칙하다. 집 앞에 큰 건물이 서 있거나 애초부터 채광이 좋지 않은 서향, 북향의 집은 지상에 있으면서도 반지하 이상의 어두움을 자랑한다. 내가 지금 살고 있는 집은 남동향임에도 불구하고 작은 길을 사이에 두고 맞은편에 큰 건물이 떡하니 들어서 있어서 직사광선이 내리쬐는 날에도 내 방은 늘 '대체로 흐림' 상태다. 게다가 맞은편 건물에 사는 사람들의 시선이 찜찜해서 낮에도 블라인드를 내리고 생활해야 한다는 단점까지 있다.

평소 워낙 어두운 성격이라 볕 안 드는 것쯤은 괜찮다고 생각한다면 오산이다. 해가 들지 않는다는 것은 어둡다는 것뿐 아니라 거미줄과 습기에도 취약하다는 것을 의미한다. 그래서 우리 집은 장마가 시작되기 전부터 묘하게 습한 냄새가 떠다니고 널어 둔 빨래는 잘 마르지 않으며 장마철엔 그야말로 방 안 전체가 교체 직전의 '물먹는 하마' 상태가 된다. 나는 가끔 꿈을 꾼다. 사방에서 바람이 마구 불어닥치는 남향으로 이사 가서 습기와 덜 마른 빨래에서 해방되는 꿈을.

자신의 라이프스타일과 관계없는 주변 환경은 무시할 것

우리 집 근처엔 걸어서 5분 거리에 도서관이 있고 조금만 더 걸으면 커다란 공원이 있다. 하지만 책은 늘 사서 보고 공원에 산책 가는 일은 이 년에 한 번도 안 하기 때문에 이사 온 지 일 년이 다 되도록 그 시설들을 한 번도 이용한 적이 없다. 부동산 '실장님'께서 입이 마르게 칭찬하던 탁월한 주변 환경은 아마 이사 가는 날까지 나와는 아무런 관계가 없을 예정이다. 평소 자신이 뭘 좋아하는지, 어떤 취향인지에 따라 주변 환경의 효용도 달라지는 법이다. 운동을 평생 안 하던 사람이 바로 아래층에 피트니스센터가 있다고 운동광이 되지 않으며, 병원 가는 일을 두려워하는 사람이 옆집

에 병원이 있다고 해서 자주 가게 되지도 않는다. 따라서 부동산에서 강력 추천하는 '주변 환경'에 혹해서 자신의 취향과 관련 없는 집에 매혹당하지 않기를. 이용하지도 않을 주변 환경에 붙는 프리미엄에 더 많은 집세를 감당해야 하는 건 비합리적이니까.

깔끔한 오피스텔의 함정

매달 들어가는 월세만큼이나 따져보아야 할 것은 관리비. 참고로 싱글이 처음 독립하는 곳으로 찾기 쉬운 오피스텔은 일반적인 주거용 건물보다 관리비가 훨씬 많이 나온다. 오피스텔에 살고 있는 나 역시 여름에 에어컨을 빵빵하게 틀거나 겨울에 등을 지질 만큼 난방을 틀지 않음에도 빌라, 주택 원룸 또는 아파트에 사는 지인들보다 배로 나오는 관리비에 늘 억울한 상태.

게다가 오피스텔은 일반 주택이나 아파트와 달리 창문이 얼마 없고 있어도 손바닥만큼만 열리는 비효율적인 구조를 갖고 있다. 이로써 발생하는 환기의 문제는 물론, 방 바로 바깥이 통창이라 여름엔 무척 덥고 겨울엔 무척 춥다는 특징도 있다. 게다가 대부분의 오피스텔은 가전제품이 빌트인으로 구성되는 만큼 이사하기 전, 건물의 신축 연도도 함께 따져보아야 한다. 건물이 나이가 들었다면 가전제품은 더 나이 드는 법. 틈만 나면 고장 나는 세탁기와 성능 후진 냉장고 수리 문제로 사흘이 멀다 하고 집주인과 통화를 해야 하는 일은 진심으로 신경 쓰이고 껄끄러운 일이다.

혼자 살아보고서야 내가 그동안 얼마나 곱게 자라 왔는지 알았다. 수도세와 단열비는 신경 쓰지도 않고 물은 물 쓰듯 쓰고 에어컨과 보일러는 내내 틀어 두었으며 성가신 일이 있을 때마다 "엄마!" 아니면 "아빠!"를 외쳐댔으니까. 아무리 고심 끝에 고른 집도 부모님 집처럼 쾌적할 리 없었다. 게다가 모든 게 내 몫이었다. 스스로 주부와 가장, 부동산 중개인 및 수리공 또는 경비원이 되어 움직이지 않으면 깜빡거리는 형광등도, 뒤집어 벗어놓은 양말도 한 달째 그 자리에 그대로 있다.

이 글을 쓰고 있는 지금도 나는 또 한 건의 수리를 기다리고 있다. 현관문 오토로크 안 배터리 넣는 부분이 부식되어 문이 잠기지 않는데 알뜰살뜰한 집주인께서 A/S 기사 대신 남편을 보내겠다고 제안하셨다. 이미 부식되어 교체가 필요한 부품을 어떤 재주로 고치시겠다는 건지 모르겠지만 어쨌든 지금은 얼른 문이 고쳐져 잠기기만을 바랄 뿐이다. 내 집 마련의 꿈 같은 건 나랑은 먼 얘기인 줄 알았는데 날이 갈수록 새로운 꿈을 꾸게 된다. 스마트홈의 주인이 되고 싶다는 꿈. 아니, 일단 다음 집 고르기만큼은 실패하지 않는 꿈.

모든 건 마음의 문제

가끔씩 내가 미친 것 같다는 생각이 들면
수첩에 나의 단점을 적어본다.
그 옆에 장점도 적는다.
당연히 장점은 떠오르지 않고
단점은 끝없이 이어진다.

그런데 언젠가
행복해 미치겠다는 생각이 들 때도
수첩에 적어봐야겠다.
그때도 당연히 장점은 떠오르지 않고
단점만 빼곡하겠지.
그리고 어느새 우울해질지도 몰라.

행복하건 불행하건
나는 늘 부족하다.
매번 실수만 한다.
나이는 들었는데 철은 안 들었고
모아둔 돈은 없고 예쁘지도 않다.
이게 나인 건 분명한데 내가 원하는 나는 아니다.
나, 언제까지 계속 이렇게 살아야 할까?

네가 꿈을 꾸지 않는 한, 꿈은 절대 시작되지 않는단다.
언제나 출발은 바로 '지금, 여기'야. -스튜어트 에이버리 골드 〈핑〉

불행의 3단계
'생각→고민→걱정'

"조개를 전부 먹어버렸어."
"그게 뭐 어쨌다고? 뭐가 곤란하다는 거야?"
"먹을 게 없으면 나중에 곤란하잖아."
"나중에 곤란할 걸 왜 지금 곤란해 해? 너란 앤 정말 이상해. 나중에 곤란할 건 나중에 곤란해 하면 되지. 왜 지금 곤란해 해?"
―만화 〈보노보노〉

"저 기말고사 망치면 끝장이에요. 안 그래도 성적이 엉망진창인데."

알고 지내는 대학생 아이가 빗금 친 얼굴로 고민을 털어놓았다. 중간고사가 끝난 지 며칠 지나지도 않았는데 벌써 기말고사 걱정을 하던 아이. 졸업반인 그는 심각한 얼굴로 이번이 뒤처진 성적을 만회할 마지막 기회라는 것을 강조했다. 그런데 표정을 보아하니 딱히 공부를 열심히 하고 있는 것 같지 않았고, 오히려 걱정을 하느라 공부할 시간이 없어 보였다. 하지만 그는 또 하나의 근심을 늘어놓았다. "그런데 성적이 안 좋으면 취직을 못하잖아요. 취직을 못하면 결혼도 못하는 거고…. 큰일이에요. 결혼 못할까봐."

아니 저기, 잠깐만. 무슨 얘기가 그렇게 되니. 대체 어디서 나왔는지 모르겠는 '꼬리에 꼬리를 무는 불행' 이야기에 함께 있던 삼십대들은 입을 헤에 벌렸다. 서로를 쳐다보며 우리가 결혼을 못한 이유는 성적이 안 좋아서였어, 라며 키득거리다 다 함께 한마음이 되어 최상의 조언을 던졌다. "일단 공부를 하자."

물론 다 그런 건 아니겠지만 주변에 잔걱정과 생각이 많은 사람은 대부분 짠 듯이 행동력이 부족하다. 긴 시간 생각을 했다면 결심을 해야 하고, 결심을 했다면 시도를 해야 하는데 그들은 늘 '긴 시간 생각' 상태에서 '고민'이라는 기나긴 터널로 또다시 진입한다. 그리고 내리는 결론은 '아무리 생각해도 답이 안 나온다' 또는 '걱정이 돼서 큰일이다' 아니면 '다 망했다' 셋 중 하나. 당연하지. 시도한 다음에야 나오는 결론을 생각으로 내리려고 드니 답은 안 나올 거고, 걱정은 고민으로 이어지니 시간이 지날수록 큰일 났다는 생각만 들 테고, 고민은 걱정으로 변하기 마련이니 다 망했다며 한숨만 쉬게 되는 거 아닌가.

나로 말할 것 같으면 잔걱정으로는 그 누구에게도 지지 않는 사람이다. 게다가 겁은 또 어찌나 많은지 모른다. 밤엔 문 밖에서 부스럭거리는 소리만 들려도 잠을 설치고, 평소 고소공포증까지 심해서 놀이기구는 물론이고 비행기도 잘 못 타고, 아직까지 육교에 올라갈 때마다 양 무릎이 후들거린다. 이 정도니 이루어지지 않은 미래에 대해서는 오죽했을까. 내적으로나 상황적으로 불안하기만 했던 십대와 이십대는 그야말로 걱정의 절정기. 그 시절 내 심장은 초극세사보다 더 가느다랬다.

하지만 나이를 먹는다는 건 세상에 내 힘으로 할 수 있는 일보다 할 수 없는 일이 더 많다는 걸 알아가는 게 아닐까. 단 하루 동안에도 내 마음과 같은 일이 하나라면 그렇지 않은 것들은 마흔여섯 개쯤이라는 걸 깨닫는 일. 그렇기에 미리부터 걱정하고 고민한다고 느끼는 건 한숨, 겁, 주름살뿐이다. 일 대 마흔여섯의 싸움에서 필요한 것은 걱정과 고민이 아니라 돈키호테 같은 '들이댐'과 '안 되면 말고!'라는 호기라는 것, 아무리 미리 걱정해도 실패하고 꺼꾸러질 수 있다는 것을 매일같이 실감하며 산다.

십만 페르시아 대군에 방패와 창만 들고 맞서 싸운 스파르타 군인 삼백 명의 이야기를 기억하는가. 영화 〈300〉을 보는 내내 든 생각은 '저런 또라이들!'이었지만 그 범접할 수 없는 똘끼가 이외의 효과를 발휘할 때도 있는 법이다. 과연 그동안 내가 해 왔던 수많은 걱정과 고민이 내 발전에 미친 영향은 뭘까. 나를 더더욱 침잠시켜 구들장 귀신으로 만들고 변명만 늘어놓는 겁쟁이로 만들었다는 것? 그리고 끊임없는 걱정을 솔메이트 삼아 시도보다는 후회를 즐기며 살게 했다는 것?

한때 '걱정인형'이 유행했다. 내가 가진 걱정을 대신 해주는 인형이라는 말에 솔깃해 인터넷으로 구매에 돌입한 지인 H는 며칠 뒤 이런 말을 했다. "인형이 너무 작아서 걱정이 더 늘었어." 두께 0.5센티미터, 길이 2센티미터, 성냥개비를 반쯤 잘라놓은 것 같은 작은 인형들에 내가 가진 수억 개의 걱정을 옮겨 둘 생각을 하는 우리들. 그만큼 걱정은 사람을 약하게 만든다.

고민과 걱정에 앞서 먼저 선택해야 할 것은 행동이다. 고민과 걱정만 하다 보면 평생 방바닥에 앉아 꼬리에 꼬리를 무는 생각의 끝을 잡고 칡뿌리처럼 말라비틀어져 갈 것이기 때문에. 그러면서도 하고 싶은 건 늘 차고 넘칠 것이기 때문에. 무언가를 고민하는 시간보다 하고 나서 수습하는 시간이 더 길어지더라도 분명 그 시간이 더 값지다고 자신한다. 이제는 미리 걱정하느라 아무것도 안 하는 것보다 실수하고 만회하는 게 더 생산적임을 알게 되었다. 안 되면 마는 거다. 되면 좋은 거고.

여전히 똑같은 고민을 계속하고 있을 그 아이에게 조만간 솔직히 말해줘야겠다. 나도 너처럼 불행의 3단계를 차근차근 밟아 왔지만 남은 건 지지리 궁상밖에 없더라고. '생각→고민→걱정'이라는 3단계 말고도 '결심→시도→수습'이라는 3단계도 있다고. 그런 말을 늘어놓는 내가 설마 꼰대 같아 보이지는 않을까? 잘난 척하는 것처럼 들릴 수도 있을 거야. 그럼 말아야 되나? 그래도 얘기해 주는 게 낫지 않을까? 아휴, 몰라 몰라.

1.5개의 매력을 가진 남자

좋아하는 사람을 만난다는 것은
내가 좋아하는 점을
죄다 가진 사람과 운명처럼 마주치는 일이 아니라
내가 제일 싫어하는 점을
그나마 덜 가진 사람을 힘겹게 골라내는 일이라는 걸.
어렸을 땐 미처 몰랐다.
— 신윤영 〈연애를 테이크아웃하다〉

부모님과 오랜만에 외식을 했다. 두 분은 식당에 들어와 자리에 앉는 순간부터 젓가락을 내려놓을 때까지 줄곧 '결혼과 남자'에 대한 질문을 하셨다. 방송국 피디들은 다 결혼했니? 예전에 소개해준 그 남자는 왜 안 만나는 거니? 너 좋다는 남자, 진짜 없니? 밥은 몇 술 뜨지도 않았는데 배가 불렀다. 부모님은 그동안의 행보로 미루어보건대 내가 너무 눈이 높다는 결론을 내신 눈치였다.

하지만 나는 그렇게 개념 없는(!) 사람이 아니다. 내가 가지고 있지도 않은 장점을 다양하게 보유한, 즉 잘생기고 키도 큰 데다 성격 좋고 스펙도 괜찮은 남자를 바라지 않는다. 남자친구라고 부를 수 있는 누군가가 있으면 좋겠고 가능하다면 결혼도 하면 좋겠지만 딱히 그럴 만한 사람이 없는 것뿐. 내가 좋아하던 사람은 결국 나를 떠났고 같이 있기도 난감한 남자들은 나를 만나고 싶어했을 뿐. 다들 그렇게 말한다고? 다들 그러는 데는 이유가 있는 거다. 나는 만약 1.5개의 장점을 가진 남자만 있다면 당장이라도 연애나 결혼을 할 거니까.

모든 사람은 적어도 한 개 정도의 매력을 가지고 있다. 고로, 모든 남자에겐 한 개의 매력이 존재한다. 그가 가진 매력을 그의 장점이라고 치자. 하지만 선택의 기로에서 우리는 늘 세상 누구보다 냉정해진다. 누군가와의 만남, 교제, 결혼을 앞두고 늘 우리를 주춤하게 만드는 것은 바로 '이 사람에겐 별다른 장점이 없는 것 같아'라는 고민 아닌가. 모든 사람이 가지고 있는 한 개의 매력을 가진 남자는 결국, 다른 사람과 비교했을 때 전혀 특별할 것 없는 사람이 되어버리는 거다.

따라서 연애나 결혼을 하기 위한 상대라면 1.5개 정도의 장점은 갖고 있어야 한다는 얘기다. 한 개는 평균, 0.5개는 나의 취향에 대한 고집. 물론 종종 에누리도 있을 수 있다. 단, 두 개만큼은 욕심이다. 그 욕심을 얼른 버리지 않으면 연애 또는 결혼이 코끼리가 비행기 삼등석에 앉아 뉴욕까지 가는 일만큼 그저 힘들고 부대끼는 일이 될지도 모른다.

당신은 어떤 사람을 보고 매력적이라고 판단하는가. 그 매력 또는 장점에 우선순위를 둔다면 제일 첫 번째에 어떤 항목을 놓을 것인가. 물론 이것은 철저히 내 기준에 의한 것이다. 그건 성격일 수도, 외모일 수도 있으며, 경제력, 가족관계, 심지어 느낌일 수도 있다. 여기서의 포인트는 나에게 완벽할 1.5개의 매력을 정해 두는 것이다. 1.5개의 매력=현실과의 타협+개인의 취향+미래 예상도. 이를 스스로 완성할 수 있는 가장 현실적인 이상형을 구하는 공식, 즉 '이상형 수립의 정의'라고 하자. 이 공식에 부합하는 남자는 곧 나에게 100퍼센트의 남자라는 결론이 나온다.

내가 이성을 볼 때 어떤 요소를 가장 먼저 보는지에 대해 죄책감을 가질 필요는 없다. 각자의 가치관과 생활방식, 시행착오로 인해 완성되었을 그 우선순위를 철회하거나 재구성하는 것 역시 내 마음이니까. 사람의 취향은 전부 다르고, 그 취향에 대한 책임은 스스로 지는 거다. 연애를 많이 해봐서, 이미 결혼해서 애를 낳아 키워봐서 그건 이래서 안 되고 저건 저래서 맞다고 이러쿵저러쿵 이야기하는 사람들의 말은 신경 쓸 필요도 없다. 그 사람이 내 인생 살아주나! 나 시집 보내주나! 나한테 남자라도 소개해주나!

물론 나의 완벽남 이론에 대한 얘기를 부모님께 할 수는 없었다. 남자에게는 물론, 소개팅 할래? 하고 물어보는 지인들에게도 비밀이다. 하지만 이것만은 확실하다. 요즘 여자들은 재벌남, 꽃미남, 스펙 좋은 남자를 완벽남이라고 부르지 않는다는 것. 그저 1.5개의 매력을 가진 남자라면 완벽남 축에 든다는 것. 하지만 문제는 그 1.5개의 매력을 가진 남자조차 없다는 거고, 심지어 한 개의 매력을 가진 평균남도 없어진 지 오래라는 거다. 이래도 내가 눈이 높은 건가. 아니다. 절대 그렇지 않다.

내가 눈이 높다고요?

우울 권하는 시대

"좀 어때?" "기분이 거지 같아."
"그래, 거지 같아 보이네." "알아."
"그거 말고는 어때?" "아직도 기분이 거지 같아."
-영화 〈세상의 모든 계절〉

    우울증을 판단하는 커다란 기준은 '긍정적인 사고의 결여'라는 글을 읽은 적이 있다. 늘 슬퍼 보이거나 심한 감정기복을 보이는 등 누가 봐도 안 괜찮아 보이는 행동과 표정에서 오는 것이 아니라 그 사람의 감정을 지배하는 비관적인 사고방식에 있다는 얘기였다. 몇 해 전, 현대인의 대부분이 잠정적인 우울증 환자라는 통계를 접하고 에이, 설마…라며 웃어넘겼는데, 요 며칠 지인들을 만나는 자리에서 자연스럽게 그 통계 결과가 증명되는 게 아닌가.
    사람들이 나누는 이야기 중 약 80퍼센트 이상은 결코 긍정적이라고 할 수 없는 이슈들이다. 나라 탓, 회사 탓, 부모 탓, 연인 탓 등 각종 원망은 물론 자신의 불행 자랑하기, 자조하기 또는 조롱하기, 제삼자 비방하기, 일어나지 않은 일 걱정하기, 좋지 않은 과거

곱씹기… 등 이야기를 듣는 사이 나까지 땅굴로 꺼져 들어갈 것 같은 내용뿐이었다. 지인들의 대부분이 우울증을 앓고 있다는 얘긴가. 아니, 실제로 본인만 모를 뿐 당장 입원과 치료가 시급한 사람들도 보일 정도다.

그러다 보니 사람들과 대화를 나누다 보면 이건 친목을 위한 자리인지 각자가 보유한 불행과 우울을 자랑하기 위한 배틀인지 의심이 들기도 한다. 하나의 얘기가 끝나면 꼬리를 물듯 이어지는 새로운 부정적인 이야기. 늘 결말이 빤한 드라마는 유치해서 못 봐주겠다는 사람들조차 그 빤한 얘기를 수년간 반복하고 있으니 안타까울 뿐이다. 집으로 돌아가는 길, 나는 오랜만에 좋아하는 사람들을 만나 위안을 받았다는 훈훈함보다 더 큰 가슴 갑갑증을 느낀다. 아이고, 숨막혀 죽겠네. 당분간 사람들, 안 만나야겠어….

사실 밝고 맑고 희망찬 이야기는 나눠봤자 별 재미가 없다. 너는 이래서 좋고 쟤는 저래서 좋고 과거가 그랬고 현재가 이렇듯 미래 역시 찬란하게 빛날 거라는 얘기를 백날 나눠봐도 신날 리 있나. 술을 마실 때는 안주 대신 씹을 사람이 있어야 하고, 삼삼오오 모여서 수다를 떨 때조차 가끔 소리를 죽여 속닥거려야 할 소문과 괴담을 보유하고 있어야 하는 법. 우리는 그렇게 막간의 쾌락과 효과적인 인간관계를 위해 수많은 우울 바이러스를 사고판다.

과거, 실제로 우울증을 경험하며 그 끝도 없이 비관적으로만 내달리는 감정의 위험성에 치를 떨어본 적이 있는 나는 우울이라는 말을 아예 삶에서 지워버리려고 애쓴다. 작게는 우울함을 전이시키는 사람을 만나지 않는 일, 크게는 내 감정을 편애하는 일로 실천한다. 감정 편애란 내가 느끼는 감정 중 좋든 싫든 나에게 도움을 주는 감정은 받아들이고 그렇지 않은 감정은 무시하는 것. 타인과의 주도권 싸움이나 계획한 일의 실패로 기분이 상했다면 그 나쁜 감정을 그저 별일 아니라고 넘겨 버린다. 대신 행복, 기쁨, 만족 등의 긍정적인 감정은 최대한 크게 받아들이고 가능한 한 길게 누리려고 한다.

어찌 보면 한없이 멍청해 보이는 이 실천 덕분에 비록 지인 몇 명을 잃었지만 내 삶을 크게 지배하던 우울함에서는 벗어날 수 있었다. 손톱만큼 작은 우울에 크게 반응하는 일, 비관적인 생각을 더욱 키우는 일은 종국에는 아무 도움도 되지 않는다는 걸 알고 난 다음부터 생긴 습관이었다.

안타까운 일을 당해도 웃음으로 넘겨버리고 금세 헤헤거리며 잊어버리는 사람을 볼 때 예전에는 백치냐? 하고 까칠하게 굴었다. 긴박한 상황 앞에서 걱정하기보다 농담을 먼저 던지는 사람을 마주할 때면 어쩜 그렇게 배려가 없냐고 원망하기도 했다. 하지만 모든 비관적인 상황에 비관적인 사고방식으로 대처할 필요가 있을까. 웃자고 한 말에 죽자고 덤벼드는 사람보다 힘들 때 오히려 농담을 건네고 웃을 수 있는 사람이 더 강한 사람 아닌가.

그래서 나는 이상형이 뭐냐는 질문에 늘 '긍정적인 사람'이라고 대답한다. 그런 남자를 만나고 싶고 나 역시 그런 사람이 되고 싶다. 갑자기 닥친 문제도 가뿐하게 대처할 줄 알고, 새로운 일을 시작하기에 앞서 걱정보다는 기대를 먼저 품는 사람. 이런 사람과는 뭘 해도 순조롭다. 연애도 결혼도, 심지어 함께 여행을 가도 늘 즐겁다. 트러블도 해프닝으로 받아들이는 사람. 이가 없으면 잇몸으로라도 살 사람이기 때문에.

우울을 그저 우울로 받아들이지 않는 사람이 되고 싶다. 적어도 나만큼은 타인에게 우울을 전하는 사람이 되지 않기를. 만에 하나 지독하게 우울하더라도 그 안에서 작은 기쁨이나마 찾아낼 수 있기를 바란다. 모두가 우울 권하는 이 시대에 비록 속없어 보이더라도 나는 그저 즐겁게 살고 싶다.

쉬운 여자

"섹시해 보이는 게 최고야.
남자들은 화끈한 일이 일어날 거란 기대심리를 갖고 있거든."
-영화 〈멜린다 앤 멜린다〉

지금부터 여성 분들에게 질문. 누군가에게 '쉬운 여자'라는 평가를 들었을 때 당신은 어떤 반응을 보일까?

1. 무슨 소리냐며 발끈
2. 까르르 웃어보지만 속으로 뜨끔
3. 아니라고 부정하지만 내심 뿌듯
4. 소문내지 말라며 쉬쉬

이번엔 남성 분들에게 질문. '쉬운 여자'에 대해 어떻게 생각하십니까?

1. 그저 고맙다.

2. 적어도 호기심에 사귀어보고 싶다.

3. 사귀긴 하겠지만 결혼은 못한다.

4. 무조건 싫다. 안 된다.

위 질문에 대한 '솔직한' 답변에 따라 성에 대한 가치관을 판단할 수 있다면 너무 비약이 심한 걸까. 사실 '쉬운 여자'라는 말에는 두 가지 뜻이 담겨 있다. '순진하고 착해서 뭘(근데 뭘?) 잘 모른다'와 '성적으로 열려 있다'. 두 가지 뜻 모두 기본적으로 '유혹하기 쉽다'는 특징을 가지며, 서른이 넘은 대부분의 사람에게 쉬운 여자란 후자일 가능성이 크기 때문에 지인들에게 넌지시 질문을 던져 보아도 80퍼센트 이상이 그 말의 화살이 자신 또는 자신의 여자에게 돌아왔을 때 부정적으로 받아들였다.

'쉬운 여자=헤픈 여자'라는 보이지 않는 공식이 존재하는 세상인 만큼 내가 타인에게 있어 쉬운 여자로 보이는지 아닌지를 궁금해 하는 사람도 있다. 그런데 이 '쉬운 여자'도 네 가지 유형으로 분류할 수 있다. 당신은 다음 중 어떤 여자인가?

A: 쉬워 보이는데 결코 쉽지 않은 여자

B: 쉬워 보이지 않는데 알고 보면 쉬운 여자

C: 쉬워 보이기도 하고 실제로도 쉬운 여자

D: 쉬워 보이지도 않고 실제로도 쉽지 않은 여자

일단 여기서 '쉬워 보인다'는 의미는 각자 알아서 판단하길 바라고 개인적으로는 A유형이 가장 매력적이지만 내내 그렇게 사는 건 쉽지 않은 일임을 깨달았기에 A-B-C의 형태로나마 변화하는 것이 바람직하다고 생각했다. 개인적으로 최악이라고 생각하는 유형은 D. 현재 내 상태는 C가 되고 싶은 B쯤 되려나.

글의 시작부터 쉬운 여자, 그렇지 않은 여자를 운운하는 것에 대해 불편해 하는 분들도 있을 거다. 이 무슨 돼먹지 않은 성차별적인 글이냐며 분노하는 분들도 있을 거다. 정신건강을 위해 그분들은 다음 장으로 넘어가주시고, 결론부터 말하자면 나는 쉬운 여자가 좋고 나 역시 쉬운 여자가 되고 싶다.

낯선 사람과도 스스럼없이 대화를 나누고, 어느 자리에 가도 자연스럽게 융화되며 자신의 성적 욕망을 매력적으로 어필할 줄 알고, 끈적끈적하지 않으면서도 이성을 유혹할 줄 아는 사람. 이 모든 매력을 취합해 간단한 말로 '쉬운 여자'라는 말을 붙일 수밖에 없으니 안타까울 따름이다. 그래서 이제부터는 쉬운 여자가 아닌, 경쾌한 여자라고 부르겠다.

모든 일상에 가드를 높여가며 외로움을 숨기고, 내내 쿨한 척하는 사람이 아니라 적당히 가벼운 사고로 인생을 즐기듯 사는 사람. 손대면 베일 것 같은 까칠함 대신 편안함을 주는 사람. 일에 치여 본인의 의지와는 다르게 점점 뾰족한 커리어우먼이 되어가는 사람일수록 더더욱 이 경쾌함이 필요하다는 생각이 든다. 경쾌한 여자라는 것은 일을 못하는 사람도, 실력 없는 사람도, 머리가 나쁜 사람이 아닌 친해지고 싶고, 가까워지고 싶은 사람이니까. 나 역시 허투루 보이기 싫다는 고집으로 그동안 얼마나 많은 관계를 망가뜨렸고, 얼마나 많은 사람과 멀어져 왔는지 모른다. 그래서 이제는 진작부터 쉬운 여자로 살걸, 이라고 후회하며 지금이라도 쉬운 여자가 되기 위해 애쓰는 중(!)이다.

어려운 여자라는 말에 아직까지도 환상을 갖고 있다면 더 이상 재미있는 일은 없을지도 모른다. 쉬운 여자라는 말에 거부감을 가지는 것으로 나를 둘러싼 단단한 벽을 허물 용기가 없다면 앞으로 더 외로워질지도 모른다. 유연하기보다는 경직된 일상은 그만큼 따분하고 밋밋하다. 그러니까 우리 모두 자발적으로 쉬운 여자, 아니 경쾌한 여자가 되자. 일단 누군가에게 그 말을 들었다 해도 쌍심지를 켜는 일부터 줄여 나가자. 지금보다 더 재미있는 일상을 누리는 게 뭐 어떻다고. 좀 풀어진 듯 살면 좀 어떻다고. 누가 뭐래도 나는 앞으로 더 쉬운 여자가 될 거다.

경쾌한 여자가 되고 싶어.
지금보다 더 즐겁게 살고 싶어.

빈말과 식상함의 소중함

환상은 대개 진부하지만
세상은 보다 진부하다.
그러니까
쿨하지 않게 보일까봐 걱정하면서 살 필요는 없다.
- 오영욱(오기사) 〈나한테 미안해서 비행기를 탔다〉

 크리스마스와 연말을 지나 새해를 맞을 때까지 세상에서 가장 열심히 일하는 것은 다름 아닌 휴대폰이다. 약 보름간 우리는 문자 메시지(아니면 카톡) 혹은 전화로 일 년 치의 안부를 한꺼번에 묻고 대답하며 가는 해 오는 해를 응원한다. 몇 년 전까지만 해도 겉치레인 단체 문자는 왜들 그렇게 보내는 거냐며 귀찮아했지만 요즘엔 나조차 그 문자를 핑계로 연락이 뜸했던 지인들에게 말을 건다. 마음에 없는 말도 건넬 줄 아는 것. 빈말과 식상함의 효용성을 깨닫고 적절히 이용하는 일은 어느새 내 일상과 관계를 살찌우는 처세가 됐다.
 '빈말은 못하는 성격'을 훈장이라 믿던 때가 있었다. 마음에 들지 않는 것은 '별로'라고 표현해야 속이 시원했고, 입에 발린 말이라고는 할 줄 모른다며 아부는커녕 칭찬에도 인색하게 살았다. 하지만 남들이 건네는 듣기 좋은 말에 늘 뾰족하게 굴면서도 기습적으로 날아드는 칭찬에는 꼭 무너졌다. 넌 글을 잘 쓰잖아, 센스 있구나, 예뻐지셨네요…. 만약 그 시기, 그 순간, 나에게 절실한 한마디였다면 그 말은 진심이 되어 마음에 박혔다. 하지만 절대 티 내지는 않았다. 별거 아닌 칭찬에 금세 달떠서 해롱대는 사람이라니, 너무 없어 보이잖아.

'깨진 유리창의 법칙'이 있다. 깨진 유리창 하나를 방치함으로써 더 큰 범죄를 낳는다는 의미로 사소함이 갖는 힘을 강조하는 이론이다. 같은 맥락으로 나는 빈말의 법칙, 식상함의 힘을 믿는다. 흉금을 털어놓는 사이가 아닌 다음에야 가식적이고, 식상한 말이라도 듣기 좋은 말을 나누는 게 더 나으며 아무리 빈말이라도 욕보다는 칭찬이 더 큰 힘을 갖는다고 생각한다. 그동안 "이게 다 널 위해서 이러는 거야"라며 가시 돋친 말을 일삼던 사람치고 진짜 나를 위하는 사람은 별로 없었다. 그저 취미이자 특기인 악담을 퍼부을 대상을 늘 찾아 헤매는, 성격 이상자일 뿐이지. 직언이 주는 쾌감, 그것은 하는 사람에게만 유효할 뿐이다.

"넌 커서 글을 써라."

초등학교 6학년 때, 담임선생님은 채점한 글짓기 숙제를 나눠주시며 나에게 그렇게 말씀하셨다. 잘하는 건 하나도 없었고, 늘 다른 아이들은 금세 이해하는 수업도 넋 나간 표정으로 따라가지 못했던 열등생이었기에 선생님의 그 말씀은 반 아이들의 비웃음을 샀다.

하지만 이십여 년이 지난 지금까지 내가 바보 같은 글을 쓰고 있다고 느껴질 때마다 선생님의 그 한마디를 떠올린다. 잘하는 것이라곤 없었던 '무명씨 학생'에게도 특기라는 게 존재한다는 걸 깨닫게 해주셨다는 것에 감사하면서 수습 불가능한 문장을 고치고 또 고친다. 만약 선생님이 지금 내가 쓴 글을 읽으시고도 그 말씀을 해주실지는 모르겠지만 어쩌면 빈말이었을지 모를 그 한마디를 여전히 마음에 품고 산다.

칭찬을 듣고 기분 나빠할 사람이 있을까. 좋은 말을 듣고도 아니에요, 그런 말 마세요, 라며 손사래를 치는 건 그렇게라도 하지 않으면 너무 잘난 척하는 사람처럼 보일까봐, 빤한 말인 줄 알면서도 붉어지는 얼굴이 들키면 창피할 것 같아서일 거다. 하지만 솔직해야 한다는 강박으로 칭찬을 할 줄도, 누릴 줄도 모르고 사는 것, '진정성', '행간의 의미'라는 말까지 거론해가며 매번 쌍심지 켜며 사는 일상은 팍팍하다. 언제 밥 한번 먹어요, 라고 말하고 평생 안 만나면 좀 어떤가. 술 한잔해요, 라는 말이 마지막 인사가 되면 어떤가. 그 순간, 상대에게 할 수 있는 배려라는 것을 서로가 알고, 이해하면 되는 거지.

좋은 말은 좋은 에너지를 낳는다. 그게 만에 하나 식상한 말 혹은 빈말이라도 우리를 둘러싼 관계를 살찌우고, 서로를 한 번 더 웃게 한다면 그걸로 된 거다. 이제 더는 식상함의 힘을 간과하지 말아야겠다. 빈말이라도 웃는 얼굴로 건네는, 두꺼운 얼굴도 탑재

해야겠다. 어차피 나는 태어난 순간부터 빈말을 듣고 자란 사람 아닌가. 우리 부모님은 갓 태어난 나를 안고 이렇게 말씀하셨다.

"아이고, 우리 애가 제일 예쁘다."

식상한 말이면 어때.
빈말이면 또 어때.
언젠가부터 그 말에 위로받고 있는 걸.

혼자가 되는 시간

난 외롭지 않아. 혼자인 거지.
―영화 〈원데이〉

    퇴근을 하자마자 씻고 누웠는데도 벌써 새벽 두 시가 넘었다. 이대로 잠들기는 아쉽지만 내일 아침 일어나려면 자야 한다. 피곤함과 아쉬움이 오 대 오로 대치하는 상황에서 매번 이기는 건 아쉬움. 형광등 대신 머리맡의 스탠드를 켜고 사 두고도 며칠째 못 읽고 있는 소설을 펼쳐 들었다.
    요즘 혼자 있을 수 있는 시간은 자기 전 한두 시간과 아침에 눈뜨고 침대에서 꼼지락거리는 시간뿐이다. 매일 일터에서 떠들거나, 늘 많은 사람에 둘러싸여 보내느라 조용히 음악을 듣거나 이런저런 생각에 빠져 있을 시간 따윈 없다. 글 쓰는 것 말고도 먹고살기 위해 해야 할 일이 많기에 늘 심적으로도, 시간적으로도 '쪼이는' 상태. 이럴 때 나도 모르게 읊조리는 한마디는 '아! 혼자 있고 싶다!'다.

하지만 나를 비롯한 많은 사람들이 홀로, 조용히, 자신에게만 집중하는 시간을 원하면서도 어떻게 혼자만의 시간을 즐겨야 하는지 잘 모른다. 혼자 보내는 휴일엔 금세 외롭다는 생각을 하고 잡념과 괜한 걱정으로 머릿속을 가득 채우고, 결국엔 황금 같은 휴일을 허비하고 말았다는 후회가 싫어서 속속 사람들과의 만남을 잡는다. 사람들에 둘러싸여 시끄럽게 떠들던 일상을 잊어보려고 또 다른 사람을 만나 떠든다. 일주일이 주중과 주말로 나뉘어 있을 뿐 딱히 재충전이라고는 모르며 살다 보니 바쁜 일정에 원망만 생기고 몸이 찌뿌드드하다는 불평만 는다.

이러다가는 안 되겠다 싶어 나는 혼자만의 시간을 조금 더 늘려 보기로 했다. 주말 중 반나절 혹은 하루는 휴대폰을 끄고 철저히 혼자가 되어서 모든 것으로부터 휴식하기로 했다. 대신 그동안은 뭘 하든 자유. 그 시간을 어떻게 보내든 자책하지 않기로 했다. 오후까지 늘어지게 잠을 자거나 하루 종일 빈둥거리거나, 밀린 책을 읽든 영화를 보든, 많은 사람과 해야 할 일에 둘러싸여 보내던 시간과는 정반대로 게으르고 한심하게, 목적 없이 늘어지기를 시도했다. 그러다 보니 바쁘다, 는 말밖에 할 것 없던 내 안에 또 다른 생각이 생겨나기 시작했다. 줄곧 빈칸인 상태였던 일기장에도 하고 싶은 얘기가 쌓여갔다.

바쁜 일상일수록 오롯이 혼자 보낼 수 있는 시간이 필요하다. 하루라도 좋고 반나절이라도 좋고 단 삼십 분이라도 상관없다. 내가 가장 먼저 체크해야 할 것은 스케줄도, 인간관계도, 해야 할 일

혼자가 되는 시간
나와 내가 오롯이 만나는 시간.
내가 나를 새롭게 충전하는 시간.

의 목록도 아닌 나의 상태니까. 내가 어떤 걸 원하는지, 요즘 어떤 것들을 놓치며 살고 있는지, 나조차 깨닫지 못한 내 생각은 무엇인지 되돌아보는 시간은 있어야 한다. 진정한 충전이란 머릿속과 마음을 말끔한 상태로 리셋하는 것. 그러기 위해서는 그저 나에게만 집중하는 일이 필요하다.

먹고살기 위해 누구나 빠듯하게 산다. 하지만 그 말은 남들이 그러듯 나도 그러고 살아야 한다는 뜻이 아니라, 그 빠듯한 일상 속에서 나만의 행복과 기쁨은 누리고 살아야 한다는 뜻 아닐까. 그래서 나는 지난 주말도 반나절 동안 모든 통신기기를 끄고 잠수를 탔다. 매번 그러는 동안 느낀 건 나는 손에 휴대폰 없이도, 초고속 인터넷이 연결되는 컴퓨터 없이도 살 수 있는 사람이라는 사실이었다. 그리고 스트레스 해소라는 이름으로 사람들에 둘러싸여 시끄럽게 떠들던 시간에 비해 그 혼자만의 시간이 더 큰 휴식을 전해 준다는 것도 알게 됐다.

안 그래도 외로운 시기에 혼자인 시간이 왜 필요하냐고 묻는 사람은 혼자인 시간이 주는 만족을 아직 모르는 사람일지도 모른다. 아니면 스스로가 원해서 혼자가 되어본 경험이 없는 사람일지도 모른다. 내 의지로 마련한 혼자만의 시간은 결코 외로움 또는 지루함의 시간이 아니다. 내가 원하는 것을 더욱 깊이 알기 위한 휴식, 더욱 행복해지기 위한 시도다. 휴일을 앞둔 밤, 내일은 또 어떤 방식으로 혼자인 시간을 채울지 이리저리 떠올려 본다. 그리고 깨닫는다. 이 시간 자체가 이미 휴식의 시작이라고.

고양이와 결혼의 상관관계

> 결혼은 위대한 제도이다.
> 하지만 나는 그 제도에 대한 준비가 되어 있지 않다.
> — 매 웨스트(작가 겸 배우)

"고양이 한 마리 키우면 딱이겠다."

집에 놀러온 친구의 한마디. 안 그래도 평소 고양이 키우는 게 소원이었던 터라 방을 빙 둘러보며 이 안에서 귀염둥이가 뛰노는 장면을 상상했다. 우선 테이블 위에 올려둔 장식품들은 다 치워야겠군, 선반에 줄줄이 세워둔 유리컵이랑 와인잔도. 꽃이랑 화분도 남아나지 않을 거야.

반려동물을 만나는 일을 늘 꿈꿔오면서도 망설이는 이유는 그저 귀엽다는 이유로 시작하면 안 될 일이어서다. 언제 집을 비울지 모르고, 딱히 맡길 데도 없으며 무엇보다 누군가의 삶을 책임진다는 행위 자체가 내 앞가림도 제대로 못하는 사람에게는 무모한 도전 같아서. 하지만 무엇보다 두려웠던 것은 평생 고양이하고만 살게 될까봐. 종국엔 그 고양이마저 떠나갈까봐, 였다.

고양이를 식구로 들이는 일을 내내 고민하던 나에게 한 친구는 얼음장 같은 눈빛으로 그랬다. '혼자 사는 여자가 고양이까지 키우면 끝장'이라고. 고양이랑 같이 살면 남자를 만난 확률도, 결혼을 하게 될 가능성도 낮아진다는 과학적 근거라고는 전혀 없는 이야기도 모자라, 그녀 주변의 고양이를 키우는 모든 노처녀들(정말이지 세상에서 강제소멸시키고 싶은 단어!)이 남자를 못 만나고 있다는 비공식적 통계까지 내 놓았다. 그런 게 어디 있냐고 반론하면서도 주변의 고양이 엄마들을 떠올려보니 말문이 턱 막힌다. 아유, 진짜 좀 그러네…?

서른이 넘은 여자가 연애를 하는 데는 사랑 외에도 두 가지 이유가 더 있다. 외로움 그리고 필요. 사랑이란 말은 그냥 넘어가고, 연인이란 텅 빈 마음을 채워주고 서로 토닥이며 외로움을 조금 덜어주는 사람이라는 인식도 패스하자. 그러고 나면 남는 건 '필요'인데 그저 건조하게만 느껴지는 이 단어는 생각보다 강력한 존재감을 발휘한다. 마트에서 무거운 짐을 옮길 때, 새로 산 스파게티 소스 뚜껑이 안 열릴 때, 며칠째 껌뻑이는 형광등을 갈 때 나는 연애를 떠올린다. 그리고 '당장' 내 옆에 누군가가 필요하다는 생각을 한다. 어쩌면 이 두 욕구의 충족은 연인이 아닌 남편이 더 잘 해낼지도 모른다며 하루빨리 남편을 구해야 되는 거 아니냐는 생각도 한다.

하지만 우리들은 더 이상 연애와 결혼, 남자에 대한 환상을 갖지 않는다. 남자들은 기본적으로 이기적이고 도움이 필요할 때는 대부분 곁에 없고, 남자친구가 있다고 외로움이 사라지지도 않으며 심지어 더 외로워질 때도 많다는 걸 이미 알고 있기 때문에. 마트에서 생수를 사도 내가 들어야 하며 통조림도 내가 따야 할 경우가 훨씬 많다는 것을 깨닫고 나면 연애라는 단어는 급속도로 현실감을 띤다. 그래서 어차피 외롭고 어차피 도움도 주지 못할 바에는 고양이처럼 귀엽기라도 하든지, 라는 이상한 결론이 나는 것. 그래서 내 주변 싱글여성들이 고양이와 가까워지는 대신 남자들과는 점점 멀어져가는 걸지도 모른다. 남자 대신 고양이를 선택하는 것, 그건 체념이 아닌 적극적인 결정이다.

그런데 나는 왜 두 가지 모두에 몸을 사리고 있는 걸까. 평소 비관적인 미래를 상상하는 일 따위는 하지 않으며 모든 일은 다 잘되게 되어 있다고 지나치게 자부하며 살아가는 내가 이상하게도 비관적으로 생각하는 일 두 가지가 있다면 애완동물 기르기와 결혼이다. 언젠가 커다란 변화를 안겨줄(그것도 비극적인) 두 가지가 해보기도 전부터 두려운 거다. 결혼을 해도 언젠가 사랑은 식을 것이고, 식구가 된 고양이는 언젠가 죽을 것이라는(내가 먼저 죽을 수도 있겠지만), 내 의지로 만든 그 관계가 언젠가는 끝나고 만다는 그 비극은 도무지 감당할 자신이 없다.

만약 내가 결혼을 한다면 고양이를 키울 수 있을까. 아니면 고양이를 키우기 시작했다면 결혼에 대해 긍정적으로 생각하게 될까. 모르겠다. 아무튼 확실한 건 나는 아직 멀었다는 것. 외로움을 달래기 위해서 혹은 그저 필요에 의해서가 아니라 나에게 온 인연을 겸허히, 그저 감사함으로 받아들일 준비가 아직 안 됐다는 것. 일어나지도 않은 비극이 두려워 시작조차 못하는 걸 보면 내 안엔 여전히 커다란 욕심이 있고, 멋대로 세워둔 기대가 다 채워지리라는 확신 없이는 아무 것도 시작하지 못하는 두려움이 있다는 얘기일 테니.

결국 나에게 있어 고양이 키울까 말까는 결혼 할까 말까와 버금가는 고민이었다는 것을 인정할 수밖에 없다. 나는 언제쯤 누군가와의 결혼을 결심하는 사람들이 그러듯 이 사람만큼은 달랐다고 말할 수 있을까. 고양이를 키우는 사람들이 그러듯, 갑자기 이 아이가 나에게 왔다며 뿌듯한 표정으로 이야기할 수 있을까. 그런 날을 마냥 기다리기보다 스스로 달라져야 할 텐데. 그도 힘들면 달라지고 싶다는 마음이라도 하루빨리 먹어야 할 텐데.

나는 그저 망설일 뿐이다.

일도 사람이 하는 거더라

> 현대의 일하는 세계의 가장 주목할 만한 특징은 결국 내적인 것으로서 우리 정신의 한 측면을 구성하고 있는지도 모른다. 그것은 바로 일이 우리를 행복하게 해주어야 한다는 널리 퍼진 믿음이다.
> ─알랭 드 보통 〈일의 기쁨과 슬픔〉

일 잘하는 사람과 성격 좋은 사람 중, 어느 쪽이 더 회사생활에 적합할까. 몇 해 전 지인들과의 모임에서 이 주제를 두고 열렬히 수다를 나눈 적이 있었다. 발전과 효율, 성장이 우선인 영리단체인 만큼 당연히 업무를 제대로 처리하는 사람이 적합하지 않겠냐는 내 말에 이삼 년 사회생활을 더 한 회사원 선배가 엷은 미소를 지으며 말했다.

"사람들은 의외로 일 잘하는 사람 별로 안 좋아해."

아니, 그게 무슨 얘깁니까. 당시 육칠 년째 방송일을 하면서 '일만 잘하면 됐지!'라며 싸움닭 같은 하루하루를 보내던 나에게 선배의 말은 그저 뜬구름 잡는 이야기처럼 들렸다. 이 선배는 대체 어떤 뱃속 편한 데서 일하고 있는 거냐며 속으로 콧방귀를 뀌었다.

그때 내 모든 생활의 중심은 일이었고, 원만한 업무 처리를 방해하는 감정이나 인간적인 교류는 하루빨리 뿌리 뽑아야 할 것들이라 생각했기 때문이었다.

이런 사고는 일터에서의 사회생활 및 인간관계와도 직결되었다. 그 어떤 조직에서도 나는 사회성이 결여된 사람이었다. 왜 우리나라에서는 사람이 셋 이상만 모이면 회식과 단합대회와 운동회를 만드는 거냐고 신경질을 냈고, 동료들의 사소한 실수에도 눈에 쌍심지를 켰으며, 성격 좀 죽이라는 사람들의 말에 일만 잘하면 상관없는 거 아니냐며 앙칼지게 굴었다. 그때는 내가 진짜 잘난 줄 알았지만 이제는 안다. 그렇게 진상을 부리면서도 조직에 붙어 있을 수 있었던 건 일을 잘해서가 아니라 어린애가 뭣도 모르고 까부는 모습을 그저 귀엽게 봐준 선배들이 있어서라는 걸. 그리고 얼마 전부터 나 역시 그때 선배와 비슷한 말을 후배들에게 하고 있다.

"결국 일도 사람이 하는 거더라."

장기적인 경제불황으로 청년실업과 조기퇴직이 늘어가고, 조직의 구성원이 된 후에도 눈으로 보이는 성과를 내지 못하면 당장 설자리가 위태로워지는 게 현실이다. 하지만 결국엔 '결과만 좋다면 뭐가 문제야?'라는 사고방식은 점점 조직사회에서 밀려날 거라고 생각한다면 내가 너무 물러터진 걸까.

일 역시 사람이 하는 것이고 조직을 구성하는 기본 요소 역시 사람이기 때문에 업무능력만큼이나 조직생활 및 인간관계도 중요하다고 믿는다. 모든 사람이 기술 또는 아이디어 및 업무에 있어

상향적인 성향만을 띠지는 않기 때문에. 늘 잘하던 사람도 치명적인 실수를 할 수 있고 기나긴 슬럼프에 빠질 수 있으며, 운이 따라주지 않아 안 좋은 결과를 맞이하기도 한다. 이럴 때 필요한 것이 바로 인간관계, 식상한 단어로 말하자면 동료애라는 게 아닐까.

사람의 마음은 복잡한 것 같지만 의외로 단순하다. 나보다 잘난 사람을 동경하는 것과 마음으로 좋아하는 것은 다르며 나보다 모자란 사람을 한심하다고 손가락질하면서도 그런 사람과는 속마음을 쉽게 털어놓기도 한다. 늘 부러운 존재가 되고 싶다고 위를 보며 살면서도 정작 우리가 위안을 느끼는 상대는 나와 비슷한 공감대와 실수, 약점을 가진 사람이다. 우리가 흔히 하는 실수는 업무능력이 곧 그 사람의 인간됨, 자질, 성격과도 관련된다는 착각을 한다는 것. 우리가 언제부터 그렇게 일을 열심히 했다고. 얼마나 그렇게 똑 부러졌다고.

조직사회를 유지하는 힘이 업무능력에만 있는 게 아니라는 사실을 깨닫고 나서 나에게는 새로운 처세가 생겼다. 그건 아랫사람에게 상냥한 사람이 되는 거였다. 업무가 느리거나 태도가 마음에 들지 않는다고 해서 화를 내고 얼굴을 붉히는 일로 일 잘하는 선배라는 타이틀은 얻을지 몰라도 마음으로 기대고 싶은 사람이 될 수는 없었다. 조직의 기강 바로잡기, 상사로서의 카리스마에만 신경 쓰며 아랫사람을 닦달하는 것보다 더 효과가 큰 건 밥 한 번 더 챙겨주고 안부를 물어주고, 그가 한 일에 대한 평가에 앞서 격려와 칭찬부터 하는 거였다. 그동안 버르장머리 없는 나를 키운 선배들을 생각하면 너는 이런 걸 고쳐야 한다며 충고해주는 사람보다 너는 이런 걸 잘하는 사람이라고 칭찬해주는 말들이 나로 하여금 훨씬 더 잘하고 싶은 마음을 갖게 만들었으니까.

그리고 효과적인 사회생활을 위한 또 하나의 꼼수는 남들이 가장 하기 싫어하는 일을 딱 하나 도맡는 거다. 이를테면 친목모임의 회계나 운동회 때 총무를 맡거나 MT를 갈 때면 장보기나 숙소 예약을 하는 것. 그 대신 나머지 귀찮은 일에는 전혀 참여하지 않는다. 이미 모두가 귀찮아하는 일을 하나 해치웠기 때문에 다른 활동을 게을리해도 그러려니 하게 만드는 거다. 그래서 나는 조직에서 큰 행사가 열릴 때면 모두에게 티 날 정도로 귀찮은 일을 하나 맡는다. 결과적으로는 그게 덜 피곤한 일이라는 것을 경험상 알게 됐기 때문이다.

일만 잘하면 된다는 생각에 우리는 얼마나 많은 인간성을 잊고 사는가. 공과 사를 구분하는 확실함에 사로잡혀 관계와 감정까지 일적으로 처리하며 살고 있지는 않은가. 인간적으로 대해주면 기어오르고, 착하게 보이면 무시당한다고? 그런 사람은 내 사람이 아니라는 뜻이다. 제대로 된 사람이라면 인간적인 대우에 인간적으로 화답하기 마련이다.

한 번쯤 상상해보자. 먼 훗날 내 주변에 일터에서의 사람들밖에 남지 않는다고 한다면 과연 나는 괜찮을 사람인지. 아니면 철저히 혼자가 될 사람인지. 혹시 그 두 결과 모두 나에겐 관계없는 일이라고 말하는 사람은 그냥 지금처럼 살면 된다. 갑자기 안 하던 짓을 하면 주변 사람들이 더 당황할지도 모르니 이제껏 그래 왔던 것처럼 그렇게 지내면 된다. 하지만 나는 가능한 한 웃으면서 일하고 싶다. 하루의 대부분을 할애하는 일터에서 내내 화난 표정으로 있고 싶지 않다. 일도 결국 사람이 하는 것. 내가 그렇듯 동료도 상사도 후배도 사람이니까.

상처상대성 이론

인생에 주어진 의무는
다른 아무것도 없다네.
그저 행복하라는 한 가지 의무뿐.
-헤르만 헤세 '행복해진다는 것'

이제껏 당신이 손꼽는 가장 최악의 추억은 무엇인가? 어디다 말하기 창피한 일임에도 문득 떠오를 때마다 여전히 괴로운 것은 물론이고, 어느새 나라는 사람의 성정을 구성하는 요소로 자리 잡기까지 한 사건 말이다. 나에게도 있다. 겨우 그까짓 것 가지고? 하는 핀잔을 들을까봐 누구에게도 하지 않은 이야기가.

유난히 낯가리는 성격에 친구 사귀는 일이 힘들던 나에게 새 학기 점심시간은 그저 고행이었다. 중학생이 교실에서 혼자 밥을 먹는다는 것. 어쩌면 그건 '나는 외톨이이자 패배자'라는 것을 만방에 알리는 행위였기에 아이들은 누구라도 좋으니 함께 밥 먹을 상대를 찾기 위해 필사적이었다. 나 역시 도시락을 끌어안고 같이 밥 먹을 누군가를 한참 찾았지만 그날도 눈을 맞춰주는 아이는 한 명도 없었다. 친구도 없으면서 다가갈 용기도 없고, 또래를 끌 만한 매력도 없으면서 혼자서도 잘 지낼 대범함도 없는 것. 나는 중학생이 보유할 수 있는 최악의 조건을 가진 아이였다.

비참한 표정으로 털썩 자리에 앉아 도시락통 위에 손을 얹으니 서러움이 왈칵 밀려 왔다. 오늘도 이 자리에 앉아 이걸 열면 나는 또 혼자 밥을 먹어야 한다. 어쩌면 한 학기 내내, 아니 이 학교를 졸업할 때까지 이렇게 혼자 밥을 먹어야 할지도 모른다. 심장 안쪽까지 소름이 돋는 느낌, 행여나 들킬까봐 걱정되는 두려움에 자리에서 발딱 일어나봤지만 이미 아이들은 삼삼오오 짝을 지어 그들만의 점심시간을 시작하고 있었다. 쭈뼛거리며 교실 안을 휘익 둘러보니 저 구석에 지난해까지 같은 반이었던, 하지만 하나도 친하지 않았던 키 큰 여자아이 둘이 마주 앉아 밥을 먹고 있는 게 보였다.

틈만 나면 까먹기 바쁜 나지만 그 아이들을 향해 걸어갈 때 보였던 교실 속 풍경만큼은 지금도 눈에 선하다. 짝을 지어 밥 먹는 아이들의 수다소리, 이따금씩 들리던 요란한 웃음소리, 그 정겨운 모습과는 다르게 비좁은 책상과 책상 사이를 휘청거리며 걷던 내 초라한 발걸음까지…. 같이 먹을래? 나도 끼워줄래? 나도 같이 먹자! 어떤 한마디가 가장 어색하게 들리지 않을지 생각하는 사이 어느새 그 아이들 앞에 서 있었다. 하지만 그 앞에 서서 당당하게 한마디를 건네기는커녕 나는 엉엉 울어버렸다. 맙소사.

도시락을 안고 엉거주춤하게 서서 훌쩍거리는 '하나도 안 친한 애'를 바라보던 둘의 눈빛은 그림으로 그릴 수 있을 만큼 또렷이 기억에 남아 있다. 아이들은 입안에 든 밥과 반찬을 씹지도 못하고

약 3초간 정지해 있다가 마치 딸꾹질을 하듯 어깨를 크게 한 번 들썩이더니 어색한 표정으로 빈 의자를 끌어다 자리를 마련해주었다. 일단 자리에 앉긴 했지만 뭐라고 말할 수 없는 복잡한 마음. 미안하다고 해야 하나, 고맙다고 해야 하나, 아니면 창피하다고 말해야 하나. 결국 나는 아무 말도 하지 못하고 벌게진 얼굴로 고개를 푹 숙이고 계속 밥만 퍼먹었다. 빨리 씹어 빨리 삼키는 밥은 혼자 먹는 밥만큼 그 맛을 모르겠었다. 그리고 그 다음 날부터 그 아이들 곁으로 가지 않았다. 그게 중학교 2학년이 부릴 수 있는 최대의 자존심이었다.

모든 사람에겐 상처가 있다. 단, 모든 사람이 상처에 똑같은 반응을 보이는 것은 아니다. 받아들이는 사람에 따라 다르게 남는 흉터. 이것을 상처상대성 이론이라고 부르겠다. 이는 마치 코미디를 볼 때 문득 느끼는 낯선 감정과도 닮았다. 개그맨이 넘어지고 실수하고 바보짓을 하는 모습에 깔깔거리는 관객들. 당사자에겐 비극적인 일이 보는 사람에게는 희극이 되는 아이러니 말이다.

남들이 들으면 뭐야 그게? 하고 코웃음치고 말 그 사건은 여전히 악몽이 되어 종종 나를 괴롭힌다. 나는 요즘도 종종 혼자가 되는 꿈을 꾼다. 내 곁에 머무는 사람이 전부 나에게 등을 돌리고, 누군가가 이미 까먹은 과거를 꼬투리 잡아 나를 괴롭히는 꿈 말이다. 도무지 서른 중반이 된 사람이 꿀 수 있는 꿈이라고는 여겨지지 않는 그런 꿈에서 깬 아침은 하루 종일 이상한 기분에 사로잡힌다. 나란 인간은 왜 이 모양인가 싶어서. 함께 밥 먹을 친구를 구하지

상처 없는 사람은 없어.
우리에게 위로가 필요한 이유.
서로에게 배려가 필요한 이유.

못해 새 학기만 되면 울면서 학교에 가던 그 못난 모습에서 조금도 자라지 않은 것 같아서.

하지만 그 상처는 결국 나라는 사람을 만들었다. 철저하게 외톨이었던 그 시절을 경험한 이후 나는 농담으로라도 사람을 비웃거나 놀리지 않는다. 그리고 여러 사람이 모이는 자리에 가면 누가 가장 적응하지 못하고 헤매는지를 먼저 보는 습관이 생겼다. 비록 유창한 언변과 자연스러운 리드로 그 사람을 그룹 안으로 불러들일 기술은 부족하지만 어색하게나마 질문을 하고 옆에 앉아 빈말이라도 건네려 노력한다. 그렇게 줄곧 낯을 가리던 누군가와 친구가 되는 순간, 나는 과거의 상처가 훈장이 되었음을 실감한다. 경험해보지 않고는 몰랐을 감정. 나 역시 다 큰 어른이 어디서 낯을 가리냐며 입을 삐죽거리는 사람들 중 하나가 되었을지도 모르고, 그래서 친구 또는 연인이 될지도 모르는 그 사람을 그저 모르는 사람으로 넘겨버렸을지도 모르지만 그러지 않아 다행이라는 생각을 한다.

얼마 전 자꾸 방향을 잡지 못해 헤매는 친구가 답답해 죽겠다며 불평하던 나에게 친언니가 "너는 실패를 더 해봐야겠다"는 쓴소리를 했다. 나에겐 자연스럽게 가능한 일들이 힘든 사람도 있다는 것을 왜 모르냐고, 과거의 상처가 현재와 미래에 긍정적으로 작용하지 않는 사람도 많다는 걸 나는 모르고 있다는 충고였다. 실패를 모르는 사람은 본의 아니게 남에게 상처를 줄 수 있다. 비슷한 상처에 아파본 사람이야말로 상처 받은 사람을 이해할 수 있다⋯. 나도 안다고, 이해한다고 말은 했지만 이해한다면 답답해 할 순 없는 거였다. 뻔히 알고 있다면 잔소리 같은 건 안 나오는 게 당연했다.

남의 상처를 안다고 자부하지 말 것. 그리고 나의 상처를 이해받기 위해 애쓰지도 말 것. 어쩌면 상처상대성 이론이란 '인간은 섬'이라는 것을 인정하는 서글픈 사고일지도 모른다. 하지만 반면 각기 다른 모양으로 자리 잡은 그 상처를 인정하기 위해 노력하겠다는 긍정적인 발상일지도 모른다. 상처 없는 사람은 없다. 그리고 자기만 아는 그 흉터에 쿨할 수 있는 사람도 없다. 하지만 우리를 둘러싼 수만 개의 상처에 더욱 유연해질 수 있는 방법은 나도 그렇듯 누군가도 그럴 거라는, 단순한 사실을 아는 것이다. 서툴게나마 서로를 배려하고 다독이는 일이다.

진정한 용서는
잊어주는 것

생각을 버리는 것, 잊어야 하는 것을 잊을 수 있는
사람이야말로 진정으로 건강한 정신의 소유자다.
- 김현철(정신과 전문의)

"진정한 용서는 잊어주는 것입니다. '이미 용서했다'고 말했다고 용서한 게 아닙니다. 내 마음과 머리가 그 잘못을 기억하지 못하는 게 용서입니다."

얼마 전 접한 강연이 있다. 과거부터 지금에 이르기까지 수많은 사람의 입에 오르내렸을 '용서'를 주제로 펼쳐진 그 강연을 한마디로 줄인다면 용서=망각이었다. 휴대폰을 만지작거리고 옆 사람과 필담을 나누다 결국엔 꾸벅꾸벅 졸던 불량 청강생이었지만 주제를 관통하는 그 몇 마디만큼은 아직도 수첩에 삐뚤빼뚤 적혀 있다. '진정한 용서는 잊어주는 것.'

살면서 증오라는 감정을 느껴보지 않은 사람이 있을까. 누구나 상처를 주거나 분노하게 만든 사람을 가슴에 새기고 그 기억은 사람을 판단하는 새로운 기준이 되기도 한다. 그와 비슷한 성향을 가진 사람이 나타나면 즉시 마음을 닫아버리고 그의 출신, 직업, 외모와 공통점이 있는 사람은 '역시나 안 될 사람'으로 분류한다. 때로는 줄기차게 미워하는 자신이 한심스러워서 '이미 용서했다'며 애써 웃어보지만 쉽지는 않다. 다짐하는 일로 용서가 가능하다면 우리는 그동안 얼마나 많은 사람을 용서하며 살아 왔을지 모른다.

얼마 전 일터에서 생각지도 못한 사람을 만났다. 오랜만에 만난 얼굴에 어쩐 일이냐, 그동안 어떻게 지냈냐는 안부를 나누고 뒤를 돌아 서너 발짝 걷다 보니 플래시백처럼 예전 일들이 떠올랐다. 몇 해 전, 피디인 그와 함께 프로그램을 만들다 하루는 회의하던 중 대판 싸웠고 나는 분노에 휩싸여 회의실을 빠져나왔다. 그리고 한 번 당해보라며 전화기를 끄고 잠수를 탔다. 그 이후 우리는 며칠간 휴대폰 문자메시지로 쌍욕 비스름한 망언을 주고받으며 서로를 철저히 증오했다. 아 참, 그는 다 만들어 둔 프로그램을 중간에 빠져나왔다는 이유로 삼 주 동안 일한 페이도 주지 않았지…. 야, 너 다시 일루 와봐. 일루 안 와! 에이씨. 도대체 왜 그렇게 방실거리며 인사를 나눈 거야….

까먹은 거다. 그 사람이 어떤 사람이었고 내가 어떤 짓을 했는지 다 까먹은 거다. 약 챙겨 먹는 시간을 까먹고, 원고 마감일을 까먹고, 하나뿐인 조카 생일을 까먹었을 때처럼 내가 그를 얼마나 증오했는지도 까먹어버렸다. 허허실실 안부를 묻던 내 모습이 떠오르며 굉장히 억울하고 짜증 날 줄 알았는데 이 가뿐함은 뭐지? 죽을 때까지 미워하며 불행을 기원하겠다고 다짐했던 존재가 있었고 그를 떠올릴 때마다 나는 불행한 사람이라는 확신을 했었는데, 대체 누가 내 머릿속을 이렇게 깨끗이 청소해준 걸까.

그 순간 진정한 용서의 의미를 생각했다, 는 건 뻥이고 엉겁결에 내가 너그러운 마음으로 누군가를 용서한 인자라도 된 것 같은 묘한 기분이 들었다. 역시 용서하는 건 기분 좋은 일이구나. 날이 갈수록 심해지는 건망증도 마냥 골치 아픈 일만은 아니구나. 그 이후, 나는 그를 다시 마주쳐도 예전처럼 웃으면서 인사한다. 그는 더 이상 나에게 나쁜 사람이 아니다. 물론 좋은 사람도 아니다. 그는 그냥 아무도 아니다.

나에게 쓴맛을 보게 한 사람을 용서하기란 쉽지 않다. 하지만 어쩐 일인지 점점 주변에 나쁜 사람들은 늘어나고 나만의 증오 X파일 역시 점점 두꺼워진다. 하지만 그 모두를 향해 이를 갈고 원망하면서도 결국 돌아오는 것은 어째 나만 피곤하게 사는 것 같다는 자괴감 아닌가. 이 억울함을 어디다 신고할 데도 없고 나 원 참. 그러니 내 행복을 위해서라도 용서해야겠다. 아니, 잊어버려야 한다.

그런 점에서 나는 참 운 좋은 사람이다. 그렇게 죽도록 미워하던 사람도 금방 잊음으로써 본의 아니게 용서하며 사니까. 문득 길에서 예전에 나를 모질게 찬 남자를 만나도 웃으며 인사를 나누고, 나를 하루아침에 자른 피디와 선배를 만나도 헤헤거리고 마니까. 하지만 그러면서도 속으로는 이게 최고의 복수라는 생각을 한다. 증오를 무관심으로 바꿔 나가고, 무관심을 통해 그 존재를 아예 잊어버리다니 이 얼마나 통쾌한가. 미워하는 일은 일말의 관심이 남아 있을 때나 가능한 일이다. 누군가를 골탕 먹이고 싶다면 미워하는 것보다 무관심이 더 효과가 좋다. 악플보다 무플이 더 무서운 법!

    이 모든 게 '말은 쉽지'라고 생각하는 사람이라면 일단은 미워할 것을 권한다. 자신의 분노가 사라질 때까지 철저히 증오해도 된다. 하지만 그 다음엔 잊자. 용서라는 말도 함께 잊어버리자. 누군가를 '이미 용서했다'고 말하는 것은 아직도 용서하지 못했다는 뜻, 여전히 기억하고 있다는 뜻일 테니. 그 나쁜 기억이 여전히 마음을 불편하게 한다면 하루빨리 잊는 일에 집중했으면 좋겠다. 내 행복을 위해서라도. 내 삶의 평안을 위해서라도 얼른 복수하는 거다. 그렇게 미운 사람에게, 멀쩡하게 사는 모습을 보여주는 것, 그게 최고의 복수 아니겠는가.

마음, 안티에이징하다

그대는 스무 살이라도 늙은이가 되네.
그러나 머리를 높이 들고 희망의 물결을 붙잡는 한,
그대는 여든 살이어도 늘 푸른 청춘이네.
— 사무엘 울만 〈청춘〉

어렸을 때 내 소원은 하루빨리 나이를 먹는 거였다. 일 년에 딱 한 살씩 늘다 어느 세월에 어른이 되겠냐며 늘 초조해 했다. 어른이 되면 하고 싶은 게 많았다. 지금까지 기억나는 건 하나도 없지만, 매일 밤 일기장에 어른이 되면 하고 싶은 일들을 적기도 했다.

하지만 정작 다 크고 나서는 해가 바뀔 때마다 '너무 빠르다!'는 탄식을 한다. 아침저녁, 거울 속 얼굴에서 주름을 마주할 때나 층계를 몇 발자국 오르고 숨을 헉헉거릴 때마다 세월의 흐름을 원망해보지만 외면의 노화와 함께 착실히 진행 중인 '내면의 노화'에 대해서는 간과하며 살았다. 어쩌면 몸이 늙는 것보다 마음이 늙는 것이 더 안타까운지 모르는데도.

구르는 낙엽만 봐도 웃음을 터트린다는 십대 때는 책 한 권, 영화 한 편에도 인생이 바뀔 듯 크게 느끼고 반응했다. 좋아하는 노래를 수십 번씩 반복해 듣느라 밤을 새우고, 이미 색색깔 펜으로 밑줄을 가득 쳐 둔 소설책을 질리지도 않고 읽고 또 읽었다. 그 시절 나에게 있어 '희로애락'은 하루에도 몇 번씩 경험할 수 있는, 살아 있는 것이었다. 그런데 정작 그때는, 그 말을 그저 오래된 단어로 떠올릴 뿐인 지금을 동경하느라 바빴다. 이때가 되면 원하는 게 줄어드는 대신 기대와 기쁨도 함께 줄어든다는 것, 감정과 관계에 타협이라는 말을 집어넣게 된다는 것도 알지 못했다. 하지만 경험의 양이 늘어날수록 감동의 양이 줄어드는 '내면의 노화'는 지금 이 시간에도 분명 진행되고 있다.

꼼꼼히 화장품을 챙겨 바르며 주름의 깊이를 메워보듯 마음의 노화를 방지하기 위해서도 나름의 대책이 필요했다. 얼마 전, 감성이 점점 메말라가고 있다는 나의 푸념에 지인들이 제안한 것은 다름 아닌 '시를 읽어라'였다. 시를 읽으라고? 따분하고 어렵고 재미없는 그거? 그러나 한두 명이 아닌 여러 사람이 비슷한 말을 하기에 추천 받은 몇 권의 시집을 사서 머뭇머뭇 펴 들었지만 역시 쉽지 않았다. 도무지 이해 안 가는 문장들을 반복해서 읽을 때마다 잃어버린 감성이 되살아나기는커녕 답답함만 밀려 왔다. 에이, 됐어! 이러다 마음이 더 늙겠다며 책장 구석에 꽂아 두고 더 이상 찾지도 않았다.

마음이 늙었다는 것은 일상에 느낌표 대신 물음표가 늘어가는 일. 느끼기보다 먼저 이유를 찾고, '어째서?'와 '왜?'를 반복하며 그 감정이 주는 의미와 의의에 집착하는 일이다. 시를 읽을 때도 마찬가지였다. 친구의 "그냥 읽어봐. 모르겠는 말이 있으면 넘어가고"라는 말 자체가 이해가 안 갔다. 모르고 넘어가면 그 문장은 그냥 아무것도 아닌데도? 좋은 게 있으니까 권한 거 아니야? 그러니까 그 좋은 게 뭐냐고, 응? 시 애기만 나오면 질문부터 하기 시작하는 나에게 친구는 어느 날, 제안을 했다. "그러지 말고 나 좀 따라와."

친구가 데려간 곳은 음악 공연 사이사이 시를 읽어주는 독특한 형식의 낭송회였다. 글로만 읽고는 이해하기 어렵던 문장에 멜로디를 붙여 탄생한 노래들을 통해 자연스럽게 시의 감동을 느낄 수 있었다. 그날 등장한 여러 편의 시 중 유난히 울림을 주던 구절도 만났다.

살고 있나요 묻는다면 아마도 아프리카
아마도 나는 아주 조금 살고 있어요
— 이제니 '아마도 아프리카'

멜로디가 입혀진 시를 감상하는 일도, 차분한 목소리로 누군가가 읊는 시를 듣는 일도 처음이었지만 그날 접한 시들은 유난히 마음을 파고들었다. 그래서 그날 밤 선물 받은 시집을 읽는 것으로 다시 시 읽기를 시작했다. 물론 예전과 다르게 완벽히 이해가 가는 기적은 일어나지 않았지만 그래도 계속해서 읽었다. 기분이 가라앉은 날은 크게 소리 내서 읽기도 하고, 잠이 안 오는 밤에는 아무

페이지나 펴서 듬성듬성 몇 편씩 읽고 나서 잠을 청했다. 그렇게 두어 달을 보내다 보니 어느새 매일 시를 읽는 습관이 생겼다. 그러는 사이 시를 읽는다는 건 문장과 단어 속의 숨겨진 의미를 파악하는 일이 아니라 읽는 순간 내가 받은 느낌에 집중하는 거라는 걸 알게 되었다. 그래, 그냥 읽고 느끼면 되는 거였어.

매일 밤 시를 읽으며 메모를 하거나 일기를 쓰다 보면 밤늦은 시간까지 책상에 앉아 무언가를 열심히 끄적거리던 학창 시절로 돌아간 기분이 든다. 행복이라는 말을 굳이 떠올리지도 않고도 매일 만족하며 사는 일상이 진정한 행복이라 한다면 '늙음'에 대한 자각 없이 사는 삶이야말로 진짜 젊음이 아닐까. 나의 빛나는 젊음은 보지 못하고 그저 먼 미래만 동경하던 그 시절처럼, 시를 읽고 무언가를 써 내려가는 동안만큼은 마음의 노화에 대한 염려는 잊힌다. 아니, 오히려 여전히 내 안에 이렇게 제멋대로인 공상과 투박한 감성이 살아 있다는 것에 놀란다. 역시 마음의 안티에이징을 위한 '시 읽기'는 효과 있는 조언이었다며 감탄하면서.

젊은 얼굴(동안)만큼이나 중요한 것은 젊은 마음(동심)이다. 얼굴이 늙는 것보다 마음이 늙는 것에 더욱 민감해져야 하는 이유는 어쩌면 그게 우리가 몸소 느끼는 행복에 더욱 깊이 연관되어 있기 때문이다. 지금이라도 마음의 노화에 대비하는 나만의 습관을 만들어보는 건 어떨까. 뭐든 상관없다. 나를 잠시라도 들뜨게 할 수 있다면. 저절로 고민만큼이나 기대 많던 그 시절을 떠올리며 웃음 지을 수 있다면.

지금 우리에게 필요한 건
마음의 노화에 대비하는 일.
외모가 늙는 것보다 더 서글픈 건
마음이 늙어가는 일일 테니까.

EPILOGUE

서른이 넘은 뒤 달라진 게 있다면 뭐가 있을까?
며칠 전 지인들과 모여 그런 얘기를 했다. 누군가는 뭔가를 자꾸 까먹는다고 했고, 누군가는 패배감이 늘었다고 고백했으며, 누군가는 아주 작은 선택 앞에서도 자꾸 망설인다고 얘기했다. 변화는 달랐지만 맥락은 같았다. 우리는 자꾸 약해지고 있다는 것. 그런데 우리가 상상한 지금의 모습은 이런 게 아니었는데. 서른이 넘으면 더 강하고 더 담대하며 더 냉철하고 용기 있어지는 거 아, 니, 었, 나?
예전에 한 선배가 그랬다. 서른이 되면 뭘 자꾸 흘린다고. 나도 모르게 뭔가를 자꾸 흘리게 되더라고. 이십대 초반에 그 말을 들을 때는 고개를 갸웃거렸지만 이제는 알겠다. 나 역시 요새 자꾸 넘어지니까. 딱히 장애물이 보이는 것도 아닌데 넘어지고, 넘어지고, 또 넘어지니까. 어려운 일이 해결되면 사람이 날 힘들게 했고, 그 관계가 회복되면 어느새 몸이 아팠으며, 건강을 챙기고 나면 기다렸다는 듯 새로운 문제들이 속속 터졌다. 요새 나 왜 자꾸 이러는 거지? 물어봐도 대답해줄 사람은 없었다.

하지만 앞으로도 나는 줄곧 넘어질 것이다. 어쩌면 넘어지지 않으면 불안하다고 느낄 날이 올지도 모른다. 그래도 이제는 조금 알아가는 중이라고 믿는다. 행복하지 않음=불행이 아니라, 그나마 안녕함이라는 것을 알아간다고. 즐겁자고 마음만 먹으면 금세 즐거워질 수 있다는 것을 배워간다고. 그래서 답답한 일이 생겨도 일단은 웃는다. 울지 않으려고. 아니, 웃는 거라도 까먹지 않으려고. 그러는 사이 점점 어색한 얼굴을 하게 됐지만 그러면 좀 어떤가. 나는 그렇게나마 '노력'하며 사는 걸.

갑자기 얼마 전에 누군가에게 들은 말이 떠오른다. "넌 정말 모범생이구나." 그렇다. 나 모범생 맞다. 창피하지만 이게 나다. 그리고 앞으로도 주욱 이렇게 살 거다. 철 안 드는 모범생으로. 단, 가급적 즐겁게. 어쨌든 나는 내일, 오늘보다 더 행복해지기로 했다.

**오늘 하루가 아무리 엉망이어도 인생은 굴러가고,
내일이 되면 더 나아진다. 이것만큼은 분명하다.
– 마야 엔젤루**(시인 겸 영화배우)

2012년 2월 22일 | 초판 1쇄 발행
2014년 6월 23일 | 초판 9쇄 발행

지은이 | 김신회
발행인 | 이원주

임프린트 대표 | 김경섭
기획편집 | 한선화, 김순란, 박햇님, 강경양
디자인 | 정정은, 최소은
마케팅 | 노경석, 윤주환, 조안나, 이철주
제작 | 정웅래, 박순이

발행처 | 미호
출판등록 | 2011년 1월 27일(제321-2011-000023호)

주소 | 서울특별시 서초구 사임당로82 (우편번호 137-879)
전화 | 편집 (02)3487-1650 · 영업 (02)2046-2800
팩스 | 편집 (02)3487-1161 · 영업 (02)588-0835

ISBN 978-89-527-6462-1 13810

본서의 내용을 무단 복제하는 것은 저작권법에 의해 금지되어 있습니다.
파본이나 잘못된 책은 구입한 곳에서 교환해 드립니다.